사회경제적 불의에 대한

아모스의 외침

Amos' Crying of Socio-Economic Injustice

황봉환 목사

초판 1쇄 발행   2020년 8월 18일

지은이   황봉환
펴낸이   서창원
펴낸곳   진리의 깃발
등록일   1995년 1월 27일
동록번호   제 17-203호
발행처   도서출판 진리의 깃발
                 서울 도봉구 방학동 724-37 신일빌딩 4층
전화 · 팩스   02)984-2590 | 02)945-9986

편집 · 디자인   토라 디자인(010-9492-3951)

ISBN   978-89-87124-38-4 (03230)

가격   9,000

사회경제적 불의에 대한

아모스의 외침

Amos' Crying of Socio-Economic Injustice

추천사

　목사로서 구약 그것도 선지서를 대할 때마다 도전과 부끄러움을 동시에 받는다. 도전은 목사직의 기능에 확실하게 내포된 선지자적 활동 촉구이다. 시대적 아픔을 안고 백성들을 뜨겁게 사랑하는 마음으로 생명과 평안을 주시고자 하는 주님의 마음을 대변하는 일만이 아니다. 하나님을 등지고 살아가는 인생들의 추악함을 들춰내고 그들의 종국이 어떠한지 보게 하며 진노의 하나님을 피하고 살길 제시하는 사명의식의 고취가 솟구친다. 반면에 짓지 못하는 개와 같은 신세가 된 것은 아닌지, 침묵과 외면으로 사람들을 지옥 불구덩

이에 떨어지든 말든 오로지 자신들의 안일과 배만을 위하는 거짓 선지자 노릇 하고 있지 않은지 깊은 자각을 갖게 하기 때문이다.

하나님의 말씀을 외치는 선포자로서의 목사에게 요구되는 강력한 정체성 그리고 사도 바울의 일사각오의 정신을 수행해야 할 책무를 한 몸에 담고 있는 선지자 아모스서가 존경하고 사랑하는 동역자 황봉환 교수의 저술로 선 보이게 되었음을 보며 기쁨이 한량없다. 선지서의 내용도 내용이거니와 강단에 설 때마다 불을 토하듯 선지자적 기능을 온 몸으로 강설하는 저자의 영적 권능은 매일 매일의 그의 경건 생활이 뒷받침하는 것을 목격하기에 이 책을 탐독하는 독자들에게 전달되는 깊은 도전과 각성과 행함의 결단이 이어질 것이라고 확신한다. 주님이 피 흘려 세우신 교회를 누구보다 사랑하고 일생동안 그 교회를 섬기는 후학들을 양성하는 일에 심혈을 기울인 저자의 땀이 결코 헛되지 않을 줄 믿는다.

특히 아모스 선지자 당대의 지도층 인사들의 거짓과 부패와 탐욕과 음란과 부정함과 불의와 편벽됨이 나라를 종국으로 이끌고 있었던 상황은 오늘 우리들의 시대와도 겹치는 면들이 너무나도 많음을 알 수 있다. 특별히 백성들의 죄를 지적하고 회개를 촉구하며 살아계신 하나님, 공의로 판단하시며 사람들의 심장을 감찰하시는 하나님께로 돌아올 것을 촉구해야 할 종교지도자들의 탐욕에 가려진 책임 포기는 동일한 물질만능주의에 사로잡힌 현실과 결코 동떨어진 메시지라고 할 수 없다. 인간의 가시적 종교 모양과 내적 욕망의 이글거림을 낱낱이 밝혀주는 선지자의 음성을 듣게 된다. 남들은 다 부정하고 자신들은 깨끗하며, 다른 진영은 다 적폐 세력이나 자신들은 보호와 우대함을 받아야 할 자들이며, 상대방의 사소한 실수와 잘못은 불의와 부도덕의 앞잡이로 처단의 대상이 되고, 자신들의 엄청난 부정행위와 탐욕적인 행위는 마땅히 받아야 할 보상으로 영웅시하는 우리의 현실에서 진리를 위한 일군들이 살길이 무엇인지, 이 민족과 열방이 구제받을 길이 무엇인지를 확실하게 증언한다.

선지자 아모스와 엇비슷한 시대에 활동을 한 선지자 이사야는 "공의대로 소송하는 자도 없고 진리대로 판결하는 자도 없음"을 깊이 탄식하였다(사 59:4). 진노 중에라도 긍휼을 잊지 아니하시는 하나님의 자비하심이 이 민족과 열방 위에 넘치기를 간절히 소망하며 황 교수의 노고에 깊은 감사를 드리며 아울러 독자 여러분들에게 일독을 권하며 추천사를 가늠한다.

주후 2020년 8월 초, 마들로 길뜨락에서

서창원 목사

저자 서문

필자는 지인들과 아모스서를 공부하기 시작하면서 새로운 관점에서 아모스서를 연구하는 것이 필요하다고 생각했다. 그 이유는 선지자 아모스를 통해 언약 백성에게 가르치시려는 하나님의 강조점이 신앙을 위한 예전적 관점에 있는 것이 아니라 삶의 현장에서의 공의와 정의의 실천에 있다는 것을 발견했기 때문이다. 선지자는 이방 나라들과 유다와 이스라엘이 지은 죄가 사회경제적 죄라는 점을 철저히 파헤치고 경고했다. 그 죄는 가난하며 힘없고 억압받는 자로 살아가는 일반 백성들이 아닌 국가와 종교지도자들에게 있었다. 무엇

보다도 아모스가 선포하는 예언의 내용과 오늘날 정치, 경제, 법조, 종교계 안에서 일어나는 현상이 너무나 일치하고 있다. 아모스의 선포는 필자의 가슴을 파고든 충격적인 말씀이었다. 따라서 아모스서를 사회경제적 측면에서 연구하는 것이 필요함을 깨달았다. 이것이 집필 동기였다.

아모스가 이스라엘을 행하여 외친 이 진리는 한국 사회와 기독교인을 향한 외침이기도 하다. 화려하고 모범적이면서 최고를 자랑하는, 영원할 것처럼 보이는 오늘의 한국교회이지만 겉과 속은 너무나 다름을 본다. 타락하고 부패했으며 탐욕적이고 명예만 추구하며 사역의 목적이 영혼 구원에 있지 않고 자기 명예를 지키고, 치부하려는 잘못된 길을 가고 있는 자들을 깨우치려는 데 이 책의 목적이 있다. 물론 자기만 의롭고 진실하며 정직하고 정의로운 사람이냐는 비웃음과 조롱도 받을 수 있다. 그러나 이 글 속에 저자의 진실하고 솔직하고, 정직하고 깨끗하게 살아가려는 마음이 담겨 있다.

그렇다고 이 책이 저자의 마음에 담긴 허망한 생각을 이야기한 소설이 아니다. 아모스가 전하는 당시의 정치, 경제,

사회 문화, 종교의 배경을 살피며, 예언적 성취의 사건들을 찾아내고 적용하면서도 진리가 잘못 해석되지 않게 학자들의 글을 참고하여 바르게 집필하려 노력했다. 이 글이 한국교회의 부흥과 성장과 선교를 위해 애쓰고 계시는 목회자들과 평신도들이 읽고 삶의 터전인 사회경제적 영역에서 공의와 정의를 실천함에 쓰이길 바란다. 나눔과 돌봄에 진실하며 깨끗한, 정직하고도 겸손한 그리스도인으로 살기 바라는 간절함이 녹아있다. 여호와는 백성의 지도자들이 탐욕과 불의를 버리고, 회개하고 돌아오지 않는 한 심판의 칼날을 거두지 아니하실 것을 아모스를 통해 전달하고 계신다. 그 여호와는 지금도 살아계신다. 불꽃 같은 눈으로 지금 한국교회 지도자들과 사회를 살피고 계신다. 아모스가 마지막으로 던지는 외침은 "여호와를 찾으라 그리하면 살리라"(Seek and Live)이다. 우리는 살아야 하고, 또한 살려야 한다. 오직 성경의 가르침에서 벗어나지 않고 이 목적만을 위해 달려가는 한국교회가 되길 기도하며, 기대한다.

저자 황봉환 목사

Amos' Crying of Socio-Economic Injustice

차례

Amos' Crying of Socio-Economic Injustice

I
시작하는 말

I
시작하는 말

1. 아모스서의 종교적 배경

아모스는 북왕국 여로보암 2세의 전성기인 주전 760년경에 활동한 선지자이다. 그는 자신이 유대 고지 드고아(Tekoa)의 목자(shepherd)이며, 뽕나무를 재배하는 자라고 밝혔다(암 1:1; 7:14).[1] 아모스가 선지자로 소명 받을 당시 유다 왕국은 웃시아 왕(B.C. 767-739)이 통치했으며, 이스라엘 왕국은

---

1) 류호준은 아모스가 자신에 대하여 '목자'(shepherd)라고 부른 것에 대하여 이렇게 해석한다. "사실은 양 떼들을 대량으로 목축하는 목장과 뽕나무를 대량으로 재배하는 농원을 함께 경영하는 사람이었던 것 같다."라고 했다. 류호준, 『아모스』 (경기, 고양: 크리스챤다이제스트, 1999), 81-82.

여로보암 2세(B.C. 786-742)가 통치하던 시대였다(암 1:1). 아모스 당시의 이스라엘은 정치적, 사회경제적, 도덕적 부패 못지않게 종교적으로도 부패해 있었다. 또한, 종교적으로 야훼 신앙의 절대성이 무너지기 시작했다. 그 이유는 이방 종교의 유입이었다. 이스라엘은 가나안을 정복한 이후 가나안 족속의 종교적 신앙의 영향을 받기 시작했으며(삿 2:27, 32), 아합(B.C. 874-853)과 이세벨이 통치하는 동안 바알 숭배의 이교적 요소가 급속히 번져 나갔다. 이처럼 이방 종교의 영향으로 야훼에 대한 절대 신앙이 흔들리고 오염되기 시작했으며, 이스라엘의 신앙은 형식적이고 의식에 치중한 예배로 변질되기 시작했다. 하지만, 당시 이스라엘 백성들의 외면적 종교 활동은 대단히 열성적이었다.

아모스가 전하는 바에 따르면 이스라엘 백성들 가운데 상류층에 속한 자들은 제사와 십일조를 드리기 위해 벧엘과 길갈에 있는 성소(shrine)로 갔고(암 4:4-5), 또 어떤 자들은 브엘세바(암 5:5)에도 갔으며, 이 외에도 백성들은 사마리아와 단에 있는 성소(암 8:14)에도 갔던 것으로 볼 수 있다. 그들은 준비한 희생제물을 제단에 드렸으며, 비파와 다른 악기 소리로 희생 제사에 참여했음을 알 수 있다(암 5:22-23; 6:5). 그러나 이러한 희생 제사가 형식적이었다고 아모스는 선포한다.

그들이 성소에 드린 희생제물은 가난한 자와 힘없는 자들에게서 착취한 것들이며(암 2:6-8; 4:1; 5:10-12; 8:4), 그들의 예배 의식은 자기만족을 위한 피상적인 종교 행위에 불과했다. 류호준은 아모스 당시 북왕국의 종교적 상황을 종교적 열광주의와 예전적 열심주의로 설명한다. "정교한 제사의식과 관료주의적 종단제도, 사치스럽고 방만한 절기 예식은 물질적 풍요와 영적 공허 사이를 오고 가는 인간들의 세계에서는 자연스러운 현상"이었으며, "종교 지도층의 인사들과 부유한 상류층 평신도들 간의 동상이몽에 따른 합종연횡(合從連橫)은 온 나라를 부패 정국으로, 영적 타락의 극치로 몰고 갔다."라고 했다.[2] 따라서 아모스는 성소들이 있는 곳으로 가지 말라고 경고한다.

> 벧엘을 찾지 말며 길갈로 들어가지 말며 브엘세바로도
> 나아가지 말라 길갈은 반드시 사로잡히겠고 벧엘은 비참하게
> 될 것임이라(암 5:5)

아모스가 집중적으로 겨냥하는 상류층에 속한 자들은

---

2   류호준, 『아모스』, 86.

누구인가? 아모스는 그들이 백성의 머리인 지도자들이라고 말한다(암 6:1). 아모스가 지적하는 지도자들은 왕족과 재판관들, 경제력을 가진 부유한 상인과 종교지도자들임을 알 수 있다. 이들은 그들이 쌓은 부와 종교적 열심이 하나님을 기쁘시게 할 것으로 생각했다. 그러나 아모스는 그들의 형식적인 제사와 자기 치부와 만족을 위한 종교적 열심을 하나님께서 원하지 않는다고 선포한다.

> 내가 절기들을 미워하여 멸시하며 너희 성회들은 기뻐하지 아니하나니 너희가 내게 번제나 소제를 드릴지라도 내가 받지 아니할 것이요 너희의 살진 희생의 화목제도 내가 돌아보지 아니하리라 네 노랫소리를 내 앞에서 그칠지어다 네 비파 소리도 내가 듣지 아니하리라(암 5:21-23)

아모스는 이스라엘 지도자들의 형식적인 종교의식과 헛된 예배를 그치고, 선지자의 외침에 귀를 기울이며 하나님 말씀에 순종할 것을 외치고 있다. 진실 된 신앙으로 여호와를 경외하며, 이웃과 사회에 대하여 정직히 행하며, 주어진 재능과 부유한 경제력으로 가난하고 힘없는 이웃을 보살피는, 행동하는 신앙의 회복을 요구하고 있다.

2. 아모스서의 사회경제적 배경

아모스 당시 이스라엘은 경제적 번영으로 사회적이고 종교적인 활동이 크게 늘어난 시기이기도 하다. 여로보암 2세 때의 경제적 번영은 실로 놀랄만한 것이었다. 영토적으로도 "하맛 어귀에서부터 아라바 바다까지"(왕하 14:25; 암 6:14) 확장했으니 하나님께서 모세를 통해 약속했던 대로 이스라엘의 전 영역이 이스라엘 영토였던 것이다(신 32:36).[3] 이스라엘은 통일 왕국 시대에 버금가는 영토를 확보했으며, 정치적 안정과 경제적 번영을 누리고 있었다. 여로보암 2세는 부왕 여호아스가 이룬 정치적 업적을 기반으로 경제적으로 부강한 이스라엘의 황금시대(Golden Age)를 이끌었다.[4] 또한, 이스라엘은 교역로를 확보하고 주변 나라들과 상거래 관계를 넓혀갔으며, 지나가는 대상들에게 통행세를 거둠으로 국가적 부를 축적하게 되었다. 남왕국 유다와도 평화 관계를 유지하면서 타국과 자유로운 상거래 활동을 통해 상인들은 경제적 이득을 창출했다(암 8:5-6). 그러나 경제적 번영에 편승하여 소수

---

3   김희보, 『구약아모스주해』 (서울: 총신대학교출판부, 1984), 14.

4   박상훈, "아모스서의 역사적 배경과 특이성", 『아모스 어떻게 설교할 것인가?』 (서울: 두란노아카데미, 2009), 34.

의 권력을 가진 정치가들은 정경유착으로 불법을 행하고 가난한 백성들의 재산을 착취했다(암 2:6-7, 10, 15; 5:7-11; 8:4-6).

아모스는 그 당시 상류층 사람들이 누렸던 경제적 풍요로움을 적나라하게 소개했다. 소수의 특권 계층은 겨울 궁과 여름 궁을 지었고, 그 안에는 상아로 만든 침상을 놓았다(암 3:15; 6:4). 포도원 농사도 활발하여 나실인에게도 포도주를 먹이고(암 2:12), 대접으로 포도주를 마시기도 했다(암 6:6). 그들은 어린 양과 우리 안에서 기른 송아지 고기로 즐겼으며(암 6:4), 귀한 향유를 온몸에 바르며, 악기들을 동원하여 노래를 부르며 향락의 극치를 누렸다(암 6:5). 선지자의 이 고백은 이스라엘의 경제적 번영 이면을 폭로하는 것이다.

Amos' Crying of Socio-Economic Injustice

II
사회적 이슈들의 개괄적 이해

II
사회적 이슈들의 개괄적 이해

1. 사회적 이슈들의 영역 이해

산업화가 이루어지고 분업 사회로 발전하면서 인간 삶의 영역도 세분되었다. 이 말은 그만큼 사회적 영역이 넓어졌다는 의미이다. 산업혁명(1760년대) 이전에는 인간의 삶이 일반적으로 농업, 어업, 목축업에 집중되어 있었다. 그러나 산업혁명 이후에는 기계문명의 발달로 전문적인 직업의 영역이 넓어졌고 직업도 다양화되었다. 하나님의 백성들 역시 다양한 직업의 영역에서 일하고 있다. 성경은 수천 년의 역사를 뛰어넘는 기록이지만 농업, 목축업, 어업, 건축업, 조선업, 디자인, 의학, 운송, 항해, 군사, 정보, 천체, 물리, 수학 그리고 세공기술 등에 대한 기록과 함께 사회적 이슈들에 대한 근거를 제공하고 있다. 이처럼 성경은 다양한 사회적 이슈들에 대한 풍성한 가르침을 담고 있다. 이것이 성경의 위대성이다. 따라서 성경을 해석하고 가르치는 자들은 정치, 경제, 사회, 문화, 교육, 복지, 예술, 종교, 의료, 산업의 영역에서 발생하는 사회적 이슈들이 무엇이며, 이 영역 안에서 그리스도인의 역할은 무엇이고, 직장 공동체나 사회 공동체에 어떤 사명감으로 살아가야 하는가를 지도할 수 있는 지식이나 이해가 필요하다.

아직도 교회 안에는 신앙 일변도의 가르침이 팽배하다. 종교적 관점에서 나 개인과 절대자 하나님 사이의 신앙이 먼저 성립되는 것은 필연적인 것이다. 그래야 진실한 신앙인이 될 수 있다. 그러나 중요한 것은 신앙인이 되었다고 신앙 일변도로 하나님과 나 개인만의 관계에서만 살아가는 것이 아니다. 그리스도인의 삶이 매일 성경 읽고, 기도하고, 찬양하고, 예배하고, 교회 안에서 봉사하고, 신앙 모임에 소속되고, 성경이나 신학에 대하여 교육받고, 선교에 대한 비전을 공유하는 일에만 집중하여 사는 것은 아니다. 물론 성직자로 소명 받은 자들은 당연히 그렇게 활동하고 살아야 한다. 그것이 성직자의 본분이요, 사명이다. 그러나 일반 성도들은 다르다. 그들은 가정이 있고, 개인적인 활동 영역이 있고, 일터가 있고, 사업장이 있다. 그곳에서 일해야 자신과 가족의 일상생활, 교육, 건강관리, 여가생활, 문화생활을 누릴 수 있다. 이들이 살아가는 삶의 영역은 교회 안이 아니라 세상이다. 따라서 이들이 세상에서 만나는 다양한 문제점들을 어떻게 받아드리고, 해결하고, 조화를 이루며, 자신의 가정이나 속한 사회 공동체에서 칭찬받고 존경받는 그리스도인으로 살아갈 것인가를 가르쳐야 한다.

그 가르침이 없었기에 그리스도인의 삶은 세상 불신자들과 다를 바가 없었다. 어떻게 살고, 행동하고, 처신하고, 바른 도덕적 기준을 세워야 하는지를 배우지 못했다. 이러한 삶의 이중적인 태도에 세상은 교회와 그리스도인을 비난하고, 외면하고, 멸시하고, 욕하고, 저주하는 것이다. 이제 한국교회는 세상에 다른 모습을 보여야 한다. 그리스도인은 보다 성숙해야 한다. 한편으로 복음의 빛을 밝히면서 다른 한편으로 행동하는 삶으로 세상으로부터 인정받는 그리스도인이 되어야 한다. 그러므로 모든 그리스도인은 자신이 발 딛고 사는 세상의 영역에 대하여 성경은 왜, 무엇을, 어떻게 가르치고 있는가에 귀를 기울여야 한다.

2. 아모스서와 사회적 이슈

신구약 성경은 성삼위 하나님에 관한 신앙과 신학 그리고 언약 백성들의 삶과 관련된 사회적 이슈들에 대한 많은 주제를 담고 있다. 왜냐하면, 하나님의 언약 백성에 관한 구속사(History of Redemption) 속에는 백성들의 삶의 역사적 과정이 포함되어 있기 때문이다. 이 연구의 강조점은 성경 안에서 현대에 일어나고 있는 이슈들에 대한 원리와 교훈들을 어떻게 찾아내며, 그것들을 어떻게 바르게 해석하고 삶에 적용할 것인가에 있다. 이러한 사회적 이슈들을 다루는 자들이 먼저 이해해야 할 것들이 있다.

첫째, 사회적 이슈들에 대한 성경 해석상의 위험성이다. 오늘날 다양한 신학적 조류들이 존재한다. 특별히 진보주의와 자유주의 신학자들은 성경의 구속사적, 역사적 배경을 간과하고 성경 본문에 언급된 사회경제적 그리고 정치적 이슈들을 오늘의 사회적 상황에 곧바로 연결해 해석하고 적용하기를 즐겨한다. 따라서 기독교를 사회화하는 방향으로 끌고 가려고 한다. 성경은 하나님의 백성들이 정치, 경제, 사회, 문화, 교육이라는 상황 속에서 생존했던 것을 그대로 계시해 주고 있지만, 사회적 이슈들에만 강조점을 두고 가르치도록 기록된 것은 아니다. 오히려 성경은 범죄 이후 타락한 인간을 죄와 죽음으로부터 구원시키려는 하나님의 구속 사역의 목적을 계시하고 있다는 점을 명심할 필요가 있다.

둘째, 일부 교회들과 지도자들은 성경의 사회적 이슈들에 무관심하거나 언급조차 하지 못하는 경향이 있다. 특별히 복음주의와 개혁주의 신학자들은 성경을 교리화 시키는 신학에 더 강조점을 두고 하나님의 백성들의 삶의 영역에서의 합법적이고 정의로운 삶에 대하여 간과한다. 하나님과의 신앙적 관계와 사회 속에서 삶의 관계에 대한 균형 있는 가르침이 제시되어야 한다. 따라서 복음주의와 개혁주의자들이 놓치기 쉬운 사회적 이슈들에 대한 성경 본문의 바른 목적과 의도를 이해하고 적용하는 해석적 사역에 지평을 열어주는 지도력을 갖춰야 한다. 성경은 하나님의 백성들의 구속사를 중심으로 기록되어 있지만, 인간 삶의 영역을 벗어나 기록된 것은 아니다. 인간 삶의 정황들을 적나라하게 기록하고 있다. 무수한 사회적 이슈들과 관련되어 있다.

따라서 성경 해석자나 설교자가 성경을 읽을 때 성경 본문이 어떤 사회적 이슈들에 대하여 말하고 있는가를 먼저 발견해야 한다. 다음으로 그 사회적 이슈들을 통해서 성경의 저자가 나타내려는 목적과 의도를 이해할 수 있어야 한다. 마지막으로 역사적 정황들을 살펴 연구하고 그것이 오늘의 사회적 이슈들에 어떤 교훈을 주는가를 적용해야 한다. 이러한 해석적 작업 과정에서 성경을 다루는 자들이 명심해야 할 것이 있다. 성경의 기록 당시의 시대적 상황과 현대의 상황 사이에 시대적 간격이 있어도 성경은 여전히 하나님의 백성들과 인류 모두에게 가르치려는 근본 원리를 담고 있다. 그것을 찾아내는 작업이 성경 연구자들에게 반드시 필요하다. 이것이 성경 해석자들에게 주어진 과제이다. 그리할 때 성경은 언제나 동일한 원리로 오늘의 삶에 적용하는 교훈이 된다.

3. 아모스와 사회 비판

아모스 선지자의 사회 비판의 핵심은 이스라엘 공동체 안에서 정의와 공의를 바로 세우라는 것에 있다. 이것은 아모스 당시 이스라엘 사회는 정의와 공의가 무너졌다는 것을 전제한다. 아모스는 "너희가 정의를 쓸개로 바꾸며 공의의 열매를 쓴 쑥으로 바꾸며"(암 6:12)라고 말한다. 이스라엘 사회를 향한 그의 외침은 "오직 정의를 물 같이, 공의를 마르지 않는 강 같이 흐르게 하라"(암 5:24)는 것이었다. 정의와 공의의 회복이 이루어지지 않는 한 이스라엘을 향한 하나님의 심판은 멈추지 않을 것이다. 그래서 아모스는 이스라엘 사회 안에서 하나님의 정의를 무너뜨린 지도자들의 죄를 고발한다. 물론 지도자들이 누구인지는 본 연구에서 밝힐 것이다. 그들은 사치와 음행과 착취와 폭력을 행사하면서 하나님의 정의와 공의를 무너뜨리고 사회를 혼란스럽게 만들었다. 기득권자들이 이스라엘 사회 안에서 행한 부정과 불의가 어떠한 것들인가?

첫째, 그들은 법을 교묘히 이용하여 가난하고 힘없는 자들의 보잘것없는 재산을 착취했다(암 2:6-7; 4:1; 5:10-12; 8:4-6). 그들은 전당 잡힌 옷이나 포도주를 부당하게 빼앗고, 가난한 자들을 학대하고 압제하며, 망하게 하도록 작정했다. 둘째, 그들은 하나님의 형상대로 지음 받은 인간의 인권을 무시하고 사람을 물건처럼 사고파는 일을 했다. 재산을 저당 잡히고 갚지 못한 것 때문에 노예가 되어야 하는 인신매매를 자행했다. 그들은 "신 한 켤레를 받고 가난한 자를 팔"기도 하고 "신 한 켤레로 가난한 자를 사"기도 했으며(암 2:6; 8:6), 은을 주고 힘없는 자를 사기도 했다(암 8:6). 사람을 노예로 취급하고 사고파는 행위는 이스라엘 사회의 파멸적인 상황을 보여주는 증거이다.[1] 셋째, 백성의 지도자들 가운데 불의한 재판관들은 하나님의 법을 무시하고 뇌물을 받고 재판에서 왜곡되게 판결했다. 그들은 의인을 학대하고 뇌물을 받고 당시 재판이 열렸던 마을 입구인 성문에서 가난한 자를 억울하게 판결했다(암 5:10, 12). 넷째, 그들은 가난하고 힘없는 자들로부터 빼앗은 재산으로 호화스럽게 사치했다. 그들은 축적한 재물로 상아 궁을 짓고, 최고로 연한 양고기와 쇠고기를 먹으며, 잔술로는 속이 차지 않아 대접에 술을 담아 마시며, 악기를 동원하여 노래로 흥을 돋우고 소리 지르며 향락을 즐겼다(암 6:4-6). 다섯째, 부유한 지도자들의 아내들도 사치하며 허랑방탕 하는 일에 한 편이 되었다. 남편들에게 술을 더 가져다가 마음껏 마시게 해 달라고 조르기도 했으며(암 4:1), 가난한 자들과 힘없는 자들로부터 착취한 사업자들이 이곳저곳을 돌아다니다가 아버지와 아들이 한 여인에게 성적인 욕구를 충족하는 행동을 하기도 했다(암 2:7). 이러한 부정과 불법, 사치와 음란한 행위들이 이스라엘 사회의 파멸적인 상황을 보

---

1 이희학, "북왕국의 멸망과 아모스의 심판 예언", 『아모스 어떻게 설교할 것인가?』 (서울: 두란노아카데미, 2009), 63.

여주는 증거들이다.

아모스는 이러한 사회적 불의와 악행을 범하는 자들을 향하여 하나님의 엄중한 심판을 선포했다. 그 이유는 하나님 께서 선택하신 언약 백성의 공동체 안에서는 하나님의 정의와 공의가 반드시 실현되어야 하기 때문이다. 정의와 공의가 무시되면서 행해지는 종교적 예전들을 하나님께서는 결코 받지 않으신다. 이희학은 "불의를 동반한 제사는 비뚤어진 종교생활의 모습이며, 거짓되게 하나님을 추구하는 모습일 뿐이라"고 했다.[2] 하나님과 언약 백성들 사이의 신앙 관계의 회복은 이스라엘 백성들이 하나님을 찾아 진실한 신앙을 바탕으로 공동체와 사회 속에서 정의와 공의를 실천할 때 가능하다는 것을 제시한다.

아모스 선지자의 외침은 성경의 역사적 관점에서 2,700년이 지난 오늘의 한국교회에도 여전히 적용되는 외침이다. 오늘의 그리스도인은 아모스의 외침 속에서 신앙과 삶이라는 균형 잡힌 두 가지 원칙을 결코 잊어서는 안 된다. 언약 공동체 안에서 하나님과 나 사이에 그분을 경외하고 말씀에 순종

---

2 이희학, "북왕국의 멸망과 아모스의 심판 예언", 64.

하는 신앙과 나와 이웃인 세상 가운데서 취해야 할 신자의 본분인 법, 사회질서 그리고 각종 윤리 규범을 존중하며, 지켜가는 성숙한 그리스도인이 되어야 한다. 이 세상에 속한 법들, 사회질서, 그리고 윤리적 규범들을 무시하고 성직을 삶의 수단으로 생각하고, 사역의 목적을 자기 치부에 둔다면 아모스를 통해 이스라엘 백성에게 외친 그 심판의 엄중함에 대한 경고를 우리도 받게 될 것이다.

Amos' Crying of Socio-Economic Injustice

III
아모스와 나라들의 서너 가지 죄

III
아모스와 나라들의 서너 가지 죄

1. 아모스가 받은 말씀의 강조점

성경을 해석하고 설교하는 자들은 아모스 선지자가 이방 나라들, 유다 그리고 이스라엘 백성들에게 전하고 계시는 말씀들의 목적과 그 목적에 따른 하나님의 가르침이 무엇인가를 먼저 파악해야 한다. 그 가르침에 대한 첫 번째 강조점이 무엇인가? 이방 나라들, 유다 그리고 이스라엘의 "서너 가지 죄들"(three and four sins)에 대하여 지적한다. 이방 나라들과 유다와 이스라엘 대하여 외치는 아모스의 예언은 산문체적 표현이 아니라 시(poetry) 문학적 표현으로 나타나 있다. 아모스가 선포한 "서너 가지 죄들"이라는 표현은 지혜 문학적 표현에 속한다.[1] 류호준 역시 아모스의 이러한 표현을 문학적 양식으로 설명한다. 그는 "'세 가지 혹은 네 가지 죄악들'이라는 표현 구는 일명 '숫자 점층법'(graded numerical sayings)으로 알려진 수사학적 장치로 소위 '지혜 집단'(wisdom circles)으로부터 빌려온 문학적 양식이다."라고 했다.[2] 따라서 아모스가 설명한 '서너 가지 죄들'이라고 해서 문자적으로 서너 가지를 의미한다기보다 나라들에 의해 저질러진 범죄가 절정에 달하여 하나님의 임박한 심판을 의미하기도 하며, 또한 세 번 네 번 거듭하는 죄를 말한다.[3]

---

1 차준희는 아모스가 선포한 이방 나라들과 유다와 이스라엘에 "서너 가지 죄들"이라는 표현이 구약 지혜문학인 잠언에도 나타남을 설명한다. "구약의 지혜문학에 속해 있는 잠언 30:18 "내가 심히 기이히 여기고도 깨닫지 못하는 것 서넷이 있나니"에서도 같은 표현을 사용한다. 이러한 '서너 가지'라는 표현 구를 '숫자 잠언'(Zahlenspruch)이라고 부른다." 차준희, "아모스 서론과 설교", 『아모스 어떻게 설교할 것인가?』, 12.

2 류호준, 『아모스』, 113.

3 김희보는 "'서너 가지 죄악들'이란 세 가지 네 가지 죄란 말이 아니라 오히려 세 번 네 번 거듭하는 죄를 말한다. 본래 히브리인의 수 개념에 있어서 3은 완전수다. 거기에다 하나를 더함으로 많고 많은 죄를 의미한다."라고 했다. 김희보, 『구약아모스주해』, 32.

2. 이방 나라들과 유다의 서너 가지 죄

1) 이방 나라들의 서너 가지 죄

아모스는 사람들이 가장 듣기 싫어하는 '죄악'이라는 주제를 다룬다. 이방 백성이든 하나님의 언약 백성이든 '죄악'에 대해서는 하나님의 심판이 뒤따른다는 것을 보여준다. 아모스는 하나님의 계시를 전달하면서 먼저 이방 나라들의 '죄악'이 무엇인가를 제시하고 그 후에 하나님의 정의로운 심판이 주어진다는 것을 밝히고 있다.

(1) 다메섹(Damascus)의 서너 가지 죄

아모스는 먼저 다메섹의 서너 가지 죄악들에 대한 하나님의 말씀을 선포한다. 여기서 사용된 '죄'(페샤)라는 용어는 히브리어에서 하나님의 뜻을 거역하고 배반하는 행위를 의미한다. 그렇다면 다메섹의 죄악은 무엇인가? 죄들에 대한 문구는 "이는 저희가"이다(암 1:3). 다메섹의 죄목은 "길르앗을 압박하였"(1:3)다는 것이다. 다메섹은 시리아의 수도이다.[4] 이스

---

4 시리아의 또 다른 이름은 아람이다. 주전 9세기 중반 벤하닷이 시리아 왕으로 통치할 때 선지자 엘리야는 벤하닷을 몰아내고 그의 심복 중 하나인 하사엘을 옹립하여 시리아의 왕으로 세우려 했다(왕상 19:15). 후에 벤하닷이 이스라엘의 수도 사마리아를 포위하고 공격하려 했으나 실패한다(왕하 6:24 이하). 엘리야의 후계자 엘리사가 후에 다

라엘의 북동쪽에 있는 시리아는 항상 이스라엘과 적대적 관계를 맺고 있었다. 다메섹이 압박한 자들은 길르앗(Gilead) 족속이다.[5] 다메섹이 길르앗을 압박한 이유에 대해서 학자들은 시리아가 길르앗에 행한 열왕기하 10:32-36의 사건으로 보고 있다. 아합왕의 뒤를 이어 예후가 이스라엘을 다스리던 시기에 시리아의 통치자인 하사엘이 길르앗 지역을 포함한 요단 동편 지역을 빼앗으려고 전쟁을 일으킨 일이 있었다. 아마 이 전쟁 시에 시리아 군대가 길르앗 부족을 잔인하게 다룬 것으로 보고 있다. 시리아의 통치자 하사엘의 잔인성과 포악성은 선지자 엘리사의 예언 속에 잘 나타나 있다.

> 네가 이스라엘 자손에게 행할 모든 악을 내가 앎이라 네가 저희 성에 불을 놓으며 장정을 칼로 죽이며 어린아이를 메어치며 아이 밴 부녀를 가르리라(왕하 8:12)

메섹의 하사엘을 다시 찾아가 벤하닷을 살해할 것을 권하였고 하사엘이 벤하닷을 죽이게 된다(왕하 8:7-15).

5   길르앗은 요단강 동쪽에 있는 산간 지역으로 평균 해발 915m나 되며, 북쪽으로 바산, 동쪽으로 아라비아 평야, 남쪽으로 모압과 암몬에 닿는다(신 3:12-17). 이스라엘 점령 이전에는 아모리, 모압 사람들의 소유지였으나(민 21:24) 이스라엘 점령 후 북부는 므낫세 반지파에, 남부는 갓과 르우벤 지파에 분배되었다(신 3:12-17; 수 13:24-31).

엘리사의 예언처럼 하사엘의 잔혹성은 이스라엘 왕 예후(B.C. 841-814)의 통치 말기에 현실로 드러나게 되었다(왕하 10:32-33). 이러한 다메섹의 잔악성을 아모스는 "철 타작기로 타작하듯"이라고 표현했다.[6] 곡식을 타작하는 도구를 사람을 타작하는 도구로 비유한 것은 길르앗 족속에 대한 시리아 군대의 잔인하고도 가혹한 찬탈행위를 보여주려는 것이다. 이처럼 다메섹(아람)의 비인간적이고 잔인한 행위에 대하여 하나님의 공의와 정의는 침묵하지 않았다. 하나님은 이방 나라들에 대하여 그분의 정의에 근거한 보편적인 법 위에서 나라들을 철저히 심판하신다. 하나님의 공의로운 심판이 무엇인가? 그 심판이 한편으로 아람의 왕실을 겨냥하고, 다른 한편으로는 아람 백성을 겨냥한다. 이것이 하나님의 공의로운 심판이다.

첫째, 하나님의 심판은 아람의 왕실을 겨냥한다(4). 하나님께서는 하사엘(Hazael)의 집과 벤하닷(Ben-Hadad)의 궁궐을 불로 태우겠다고 하셨다. "내가 하사엘의 집에 불을 보내리니

---

6   '철 타작기'(threshing instrument of iron)는 나무로 만든 두꺼운 널빤지에 송곳같이 날카로운 칼날을 달아놓은 기구로 사람들이 곡식 단을 내려칠 때 곡식을 떨어지게 하거나 줄기에 붙은 곡식을 훑어 내기도 했다. 특별히 철 타작기는 보리나 밀보다 벼와 같은 줄기에 단단하게 붙은 곡식을 타작할 때 사용하는 도구이다. 한국에서는 '호릿게'로 불리기도 했다.

벤하닷의 궁궐들을 사르리라."(암 1:4) 하사엘과 벤하닷은[7] 시리아의 왕조를 이어갔던 왕들이다. 이 왕들이 거하는 왕궁이나 왕조를 끊어 버리겠다는 것이다. 시리아의 왕궁을 파괴하고 왕조를 끊어 버리는 일에 하나님께서는 불(fire)을 보내겠다고 하셨다. 불은 실제로 하나님께서 왕궁을 파괴하며 태워버리겠다는 강한 심판의 한 단면을 보여주기도 하고, 다른 한편으로는 전쟁을 통해 궁전 또는 요새지(stronghold)를 멸망시키겠다는 것을 상징적으로 보여주기도 한다.[8]

둘째, 하나님의 심판은 아람 백성을 겨냥한다(5). 아모스는 아람 백성들을 심판하는 하나님의 강한 결심을 드러내 보여준다. 그것이 '내가 빗장을 꺾을 것이다(break down), 내가 파괴할 것이다(destroy)'라는 표현이다. 그래서 아람 백성들이 포로가 되어 기르(Kir)로 사로잡혀 가게 될 것이라고 했다. 침략자들을 막기 위해 성문에 거는 빗장이 꺾이게 되는 것은 성을 보호하는 보호막이 무너지고 성이 점령될 것임을 표현한다. 이 구절에서 사용된 '아웬'(Aven)과 '벧에덴'(Beth-eden)은

---

7   하사엘(Hazael)은 선지자 엘리야로부터 기름 부음을 받은 아람의 왕이다(왕상 19:15). 벤하닷은 하사엘의 아들인 벤하닷 3세(Ben-hadad III)를 말한다. 벤(Ben)은 아들이란 뜻이고, 하닷(Hadad)은 본래 다메섹의 우상의 이름이다. 따라서 '벤하닷'이란 이름은 우상 하닷의 아들이란 뜻이다.

8   김희보, 『구약아모스주해』, 37.

아마 다메섹을 가리키는 상징적 이름일 것으로 본다.[9] 하나님께서는 아람 사람들이 자랑거리로 여겼던 왕궁은 파괴되고 왕들은 죽임을 당하고 백성들은 강제로 끌려가게 된다는 것이다. 전쟁을 통한 완전한 패배와 파멸을 선포하는 하나님의 심판이 뒤따른다는 것이다. 따라서 인간들의 쾌락들은 슬픔으로 변하고 고통으로 바뀔 것이다. 이것이 하나님의 공의와 정의에 근거한 심판이다.

(2) 가사(Gazzah)의 서너 가지 죄

아모스는 다메섹에 이어 가사의 서너 가지 죄악을 지적하고 그 결과를 선포한다. '가사'는 블레셋의 다섯 성읍 가운데 한 곳의 명칭이다.[10] 가사는 북방 시리아와 남방 애굽을 연결하는 가나안 남쪽의 도성이었다. 블레셋은 이스라엘을 가장 괴롭혔던 족속이며, 오랫동안 적대관계를 유지해 왔다. 이 도시가 블레셋을 대표하는 도시로 언급된 것은 이 도성이 블

---

9 김희보, 『구약아모스주해』, 40.

10 블레셋을 대표하는 다섯 성읍은 '아스돗, 아스글론, 에그론, 가드 그리고 가사'이다. '가사'는 예루살렘에서 약 73km 떨어진 곳에 있는 산지 도성으로 애굽과 메소포타미아 사이의 교통, 상업, 전략상의 요충지였다. 북쪽으로는 두로, 동북쪽으로는 예루살렘과 다메섹에 이르는 길이 있고, 남쪽으로 애굽과 동남쪽으로 에돔, 아라비아 그리고 홍해에 이르는 길이 있다.

레셋의 가장 큰 도성일 뿐만 아니라 교통과 상업의 중심지였기 때문이다. 그렇다면 하나님의 공의로운 심판을 받게 되는 블레셋이 범한 죄악이 무엇인가? 아모스는 이렇게 기록해 놓았다. "그들이 모든 사로잡은 자를 끌어 에돔에 넘겼음이라."(암 1:6) 블레셋이 이스라엘이나 다른 종족들과 전쟁을 할 때 포로로 잡아 온 자들을 반인륜적으로 대우하며 이웃 종족 에돔에 팔아넘겼다. 당시 가사는 노예매매 시장처럼 되어있었기에 에돔에 잡혀 온 노예들을 다른 백성에게 팔아넘기는 인신매매의 본거지가 되었다.[11] 인간은 물건처럼 사고파는 매매의 대상이 아니라 인격적 존재이다. 전쟁에서 포로로 잡힌 자들을 매매하는 행위는 고대 국가들의 일반적인 관행이었지만 그러나 성경은 노예매매를 정당화하지 않는다. 이러한 반인륜적 행위는 하나님의 심판을 피할 수 없다.

아모스는 이 사실을 선포한다. 블레셋의 이러한 죄악에 대한 하나님의 심판이 선언되었다. 앞에서 언급된 나라들에 대한 심판과 마찬가지로 하나님은 그 종족을 통치하는 지도자들과 그들의 명령을 따르고 있는 백성들을 동시에 심판하신다. 첫째, 하나님께서는 백성의 지도자가 거주하는 가사 성

---

11 김희보, 『구약아모스주해』, 46.

에 불을 보내어 그 궁궐들을 사르겠다고 하셨다(암 1:7). 하나님은 불을 통해 전쟁과 인신매매의 주도권을 행사한 자들이 우거하는 성과 궁궐들과 요새들을 처참하게 파멸시키신다. 둘째, 하나님께서는 가사 지역뿐만 아니라 블레셋의 다른 지역에서도 똑같이 행동한 자들을 끊어 버리겠다고 하셨다. 하나님께서 언급한 곳은 아스돗(Ashdod), 아스글론(Ashkelon) 그리고 에글론(Ekron)이다(암 1:8). 또한, 블레셋에 남아있는 자들을 멸망시키시겠다고 선언했다. 비록 하나님의 재앙을 피해 살아남은 자가 있다 하더라도 하나님은 끝까지 추적하여 멸망시킨다는 것이다.

하나님께서 불을 내뿜는듯한 심판의 선포는 역사 속에서 실현되었다. 주전 734년에 앗수르의 왕 디글랏 빌레셀 3세(Tiglath Pileser III)가 가사를 침공하여 블레셋으로부터 조공을 받게 시작했다. 711년에 이르러 블레셋이 조공 바치기를 거부하자 앗수르는 아스돗을 침공하여 많은 사람을 죽이고 포로로 잡아갔다. 701년에는 에글론과 아스글론이 앗수르에 반기를 들었으나 산헤립 왕에게 패전하고 성들이 함락되었다.[12]

---

12 이형원, "설교자를 위한 아모스 강해", 『아모스 어떻게 설교할 것인가?』, 148.

블레셋에 던지는 이 메시지가 물질적 풍요를 추구하고 쾌락을 친구 삼으려는 오늘날의 교회 지도자들과 성도들에게 던지는 교훈이 있다. 힘없고 가난한 자들을 비인격적으로 대하거나 지도자의 권위와 역량을 통해 물질적 부와 명예를 추구하거나 오직 자신만을 아는 팽배한 이기주의 사회에 편승하고 있는 자들에게 아모스처럼 경종을 울리는 메시지를 전해야 한다.

(3) 두로(Tyre)의 서너 가지 죄

아모스가 전하는 심판의 메시지는 아직도 이방 나라들을 향하고 있다. 아모스는 이스라엘의 북서쪽에 위치한 지중해를 끼고 있는 해변 도시 두로에 심판의 메시지를 전한다. 두로는 '시돈'과 더불어 페니키아의 가장 대표적인 해변 도시이며, 무역의 중심지였다(겔 27:32-36).[13] 두로 역시 하나님의 심판에서 제외되지 않았다. 두로의 범죄행위는 무엇인가? 아모스는 두로의 범죄행위를 1:9에서 밝히고 있다. "그들이 그

---

13 두로(Tyre)는 주전 3000년경에 도시로 발전하기 시작했으며, 번성했던 시기는 주전 1000년 이후 히람 I세 때였다. 당시 두로는 페니키아 해변의 두 개의 작은 섬이었는데 히람이 이를 연결해 요새와 항구를 건설했다. 솔로몬의 궁전과 성전 건설에 필요한 석수, 목수, 석재를 공급할 정도로 이스라엘과 돈독한 유대관계를 맺고 있었다(삼하 5:11-12).

형제의 계약을 기억하지 아니하고 모든 사로잡은 자를 에돔에 넘겼음이라." 페니키아 족속들이 형제의 계약을 어기고 전쟁을 통해 사로잡은 모든 포로를 에돔에 팔아넘겼다는 것이다. 앞에서 언급했듯이 당시 에돔에는 노예 시장이 형성되어 있었으며, 사람들을 사고파는 인신매매가 성행했던 곳이다. 에돔처럼 사람을 인격체로 간주하지 않고 물건처럼 매매하는 행위는 하나님의 심판을 피해갈 수 없다.

여기서 아모스 선지자가 "형제 계약"이란 말을 사용하고 있는데 이것이 누구와의 계약인가에 대해서는 학자들의 의견이 다르다. 첫째로 이스라엘과 두로(페니키아)의 친밀한 관계를 비유적으로 "형제 계약"이라고 할 수 있다는 견해이다.[14] 둘째로 두로와 페니키아의 다른 도시에 거주하는 형제들과의 조약 관계를 말하는 것으로 보는 학자들도 있다. 후자인 두로 백성들과 페니키아의 다른 도시 백성들 간의 계약으로 간주하는 견해가 우세하다. 셋째로 칼빈의 견해는 약간 다르다. 칼빈은 두로가 이스라엘과 유다가 형제인줄 알면서도 그 형제들을 멸망시킬 목적으로 에돔에 넘겨주었다는 것이다. 칼

---

14 김희보는 열왕기상 9:13의 기록에서 두로 왕 히람이 솔로몬을 향하여 "나의 형제여"라고 한 말을 근거로 충분히 이스라엘과 두로의 관계를 비유적으로 말할 것으로 본다. 김희보, 『구약아모스주해』, 51.

빈은 이것이 아모스가 본래 말하려고 했던 의미라고 생각했다.[15] 견해들이 어떠하든 그러한 행위는 두로의 범죄행위며, 하나님의 심판에서 제외될 수 없다는 것은 분명하다. 하나님은 두로 성에 불을 보내어 그 궁궐들을 사르리라고 하셨다(암 1:10). 다른 이방 나라들을 심판하시는 것처럼 불을 보내어 궁궐들을 태우시겠다는 것이다. 불로 태워지는 궁궐이나 집에는 남는 것이 없다. 잿더미만 남을 뿐이다. 하나님의 심판으로 완전하고 처참하게 패망할 것임을 보여준다.

(4) 에돔(Edom)의 서너 가지 죄

이제 하나님의 심판은 에돔을 향하고 있다. 하나님께서 이방 나라에 관한 심판을 예언하시면서 강력한 하나님의 의지를 보여주는 표현이 있다. 그것이 "내가 그 벌을 돌이키지 아니하리니"(암 1:3, 6, 9, 11, 13; 2:1, 4, 6)라는 말이다. 반드시 심판하시겠다는 다짐이다. 에돔은 이스라엘과 유다를 항상 괴롭혀 온 아람, 암몬, 모압과 같은 이방 나라 중에 한 나라이다. 에돔은 사해와 홍해(아카바 만) 사이의 광야지대이다. 사해 동편으로는 모압과 국경을 맞대고 있고, 사해 서북 방향

---

15 John Calvin, 『구약성경주해, 요엘, 아모스, 오바댜』, vol. 27, (서울: 성서교제간행사, 1980), 167.

으로는 유다와 국경을 맞대고 있다. 에돔의 주요 도시로는 데만과 보스라가 있다. 야곱의 후손들인 이스라엘과 에서의 후손들인 에돔 사람들은 형제 관계에 있는 족속들이다. 그래서 하나님께서는 이스라엘을 향하여 에돔인을 '형제'라고 말하면서 미워하지도 말고(신 23:7-8), 다투지도 말라고 하셨다(신 2:1-8). 그러나 이스라엘에 대한 에돔의 태도는 항상 적대적이었다. 학자들은 두 나라 사이에 존재했던 적대적 감정을 에서와 야곱의 갈등에서부터 시작된 것으로 보고 있다. 결과적으로 이스라엘 백성들이 출애굽 할 때 에돔 사람들은 자기 지역으로 통과하는 것을 거절했다. 이스라엘은 그들을 '형제'라고 불렀으나 에돔 사람들은 칼로서 이스라엘을 대항했다(민 20:14-21). 이후로도 두 나라 사이의 적대적 감정에 대해서는 구약성경 여러 곳에 언급되어 있다(삼상 14:47; 삼하 8:12-14; 왕상 11:14-25; 왕하 8:20-21; 14:7-10; 14:22).

아모스 선지자는 이스라엘에 대하여 이렇게 행동한 에돔의 죄악에 대해 하나님의 말씀을 선포한다. "이는 그가 칼로 그 형제를 쫓아가며 긍휼을 버리며 노가 항상 맹렬하며 분을 끝없이 품었음이라"(암 1:11) 에돔의 죄악을 아모스는 세 가지 유형으로 설명한다. 첫째, 에돔인은 칼을 가지고 이스라엘을 추격했다는 것이다. 본문에서 언급된 '형제'는 이스라엘을 가리킨다. 그들은 서로 조상 때부터 혈연관계를 맺고 형제 국가로서 출발했다. 이런 혈연적 배경을 가지고 있었음에도 에돔은 칼로 이스라엘을 파멸시키기 위해 수시로 전쟁을 일으켰다. 칼은 방어용 무기가 아니라 공격용 무기이며, 살인하는 수단이다. 이스라엘이 타국의 침략을 받을 때도 에돔은 그 나라와 합세하여 칼로 쫓아가며 이스라엘을 괴롭혔다. 아모스는 에돔인의 반인륜적 잔인성을 폭로하고 있다. 둘째, 에돔인을 긍휼을 버린 자로 표현한다. '긍휼'은 하나님께서 인간에게 주신 애처로움의 감성이다. 불쌍히 여기는 동정심이다. 이것이 에돔인에게서 사라져버렸다. 오히려 사냥꾼이 동정심을 버리고 짐승을 사냥하듯이 쫓아가며 칼로 이스라엘을 핍박했다. 이스라엘에 대한 본능적인 동정심과 자비를 완전히 버렸다. 긍휼을 버린 자에게 하나님은 긍휼을 보이지 않으신다. 셋째, 에돔인은 항상 맹렬히 화를 내며 분을 끝없이 품은 자들이었다. 에돔인은 이스라엘에 대한 마음에 쌓인 분노로 인하여 화를 참지 못하고 맹렬히 공격한 자들이었다. 이 표현에서 에돔인의 마음의 상태를 강하게 표현하는 단어가 있다. "항상" 그리고 "끝없이"라는 단어이다. 두 단어는 하나의 의미를 표현하고 있다. 이는 이스라엘에 대한 에돔인의 분노가 수 그러들지 않고 역사가 흘러가는 동안 지속하였다는 점을 강조한다. 이처럼 형제나 이웃에 대하여 지속해서 품은 분노로 인한 잔인한 행동은 하나님의 심판을 가져오기에 충분하다.

이스라엘 백성을 잔인하게 괴롭힌 에돔에 대한 하나님의 심판이 무엇인가? 하나님께서 "데만에 불을" 보내고 "보스라의 궁궐들을 사르리라"고 하셨다(암 1:12). 데만과 보스라는 에돔의 대표적인 도시들이다. 이것은 하나님은 진노의 불로 에돔을 파멸시키겠다는 표현이다. 에돔은 형제 된 이스라엘에게 긍휼을 나타내기보다 분노를 품고 무력을 동원하여 전쟁을 일삼았기 때문에 하나님의 심판을 피할 수 없었다. 에돔을 향한 하나님의 심판은 그분이 정의와 공의의 하나님이심을 보여준다. 하나님은 여전히 인간을 향한 동정심과 자비의 마음을 버리고 끔찍한 살생을 저지르는 국가나 민족에게 맹렬한 불로 심판하시는 것을 멈추지 않으실 것이다.

(5) 암몬(Ammon)의 서너 가지 죄

암몬 족속은 어떻게 형성되었는가? 아브라함의 조카 롯의 작은 딸이 아버지와 근친상간하여 낳은 아들이 암몬이다(창 19:30-38). 그가 암몬 족속의 조상이 되었으며 암몬 족속은 요단 동편에 자리를 잡게 되었다. 북쪽으로는 아람 나라가 형성되어 있고, 암몬 아래 지역으로는 모압이 위치 하고 있었다. 암몬에서 서북쪽 방향에는 이스라엘의 길르앗이 위치 하고 있었다. 사방으로 타민족들에게 둘러싸여 있다. 현재는 요르단의 수도 암만(Amman)의 위치이다. 이러한 지리적 상황에서 암몬이 강한 국가로 살아남는 것은 영토와 세력을 확장하는 길밖에 없다. 그래서 국경을 넘어 길르앗을 자주 공격했다. 길르앗은 르우벤 지파, 갓 지파, 므낫세 반 지파가 사는 땅이었다. 암몬은 영토를 확장하고 지경을 넓히는 일을 위해 잔인하고도 끔찍한 살생을 감행했다.

암몬이 저지른 잔인하고도 끔찍한 범죄행위가 무엇인가? 아모스는 "그들이 자기 지경을 넓히고자 아이 밴 여인의 배를 갈랐음니라"(암 1:13)고 선포했다. "아이 밴 여인"은 임신한 여인을 가리킨다.[16] 물론 전쟁 중에는 자신, 가족, 국민의 생명과 재산을 지키기 위해 공격자를 살해하는 것이 허용된다. 그러나 비인간적으로 전쟁과 무관한 백성을 죽이고 아모스의 고발처럼 임신한 여인의 배를 갈라 죽이는 잔인한 행위는 허용된 것이 아니다. 아무리 전쟁 시에라도 어린이들과 일반 백성들은 보호를 받아야 할 자들이다. 더구나 임신 중의

---

16 김희보, 『구약아모스주해』, 63.

여인이라면 더더욱 보호받아야 한다. 그러나 암몬은 그렇지 않았다. 전쟁 중에 임신한 여인의 배를 가르고 태아를 끄집어내어 무참히 살육했다. 야만적이고 잔인한 살상행위였다.[17] 암몬은 이웃 나라와의 평화로운 공존을 거부했다. 하나님께서는 이런 비인간적인 행위를 눈감아 주시지 않으셨다. 그는 불꽃 같은 눈으로 암몬을 쏘아 보았다. 드디어 하나님은 암몬에 대한 심판을 선포하셨다.

> 내가 랍바 성에 불을 놓아 그 궁궐들을 사르되 전쟁의 날에 외침과 회오리바람의 날에 폭풍으로 할 것이며 그들의 왕은 그 지도자들과 함께 사로잡혀 가리라(암 1:14-15).

하나님의 심판은 좀 더 구체적으로 선포되었다. 첫째, 하나님께서 불을 토하여 왕이 거주하는 왕궁과 백성의 지도자들이 거주하는 랍바(Rabbah) 성을 불사르겠다는 것이다. 랍바는 암몬의 중심 도시이다. 왕과 지도자들을 향하여 맹렬히 내 뿜는 화마가 그 도성을 삼킬 것이라는 엄중한 경고이다. 얼마나 맹렬한 진노의 불로 도성을 사를 것인가에 대해 아모

---

17 류호준, 『아모스』, 138.

스는 "전쟁의 날에 외침과 회오리바람의 날에 폭풍으로 할 것이"라고 했다. 남녀노소 할 것 없이 전쟁의 날에 생명을 지키기 위하여 절규하는 백성들과 회오리바람이 불어 집과 그 가운데 있는 모든 것을 일순간에 날려버리는 엄청난 파괴력으로 심판하신다는 것이다. 김희보는 아모스가 사용한 '회오리바람'이란 "적군의 마병과 병거들이 회오리바람처럼 몰려오며(사 5:28; 66:15; 렘 4:13), 또 모든 것은 쭉정이 같이 날라 보내는 것(욥 21:18)을 의미하는 것으로 무서운 심판을 상징하는 말이다"(호 8:7; 시 83:15)라고 설명했다.[18] 류호준은 이런 사실을 좀 더 실감 나게 설명한다.

> 친히 불을 지펴 암몬이 자랑스럽게 생각하는 도시 랍바를
> 불태우시는 하나님의 모습, 전쟁터의 아수라장, 전쟁의 방화와
> 화재로 인하여 들려오는 백성들의 절규와 침공하는 군사들의
> 외침, 폭풍이 휩쓸고 간 듯한 격전장, 그 어느 것 하나라도
> 견디어내기 힘들 정도의 치열한 전투, 그리고 마침내 패배하여
> 사슬에 묶여 포로가 된 모습, 포승줄에 묶인 긴 행렬이 다시
> 돌아올 수 없는 유배의 길을 떠나는 모습 등은 암몬의 심각한

---

18 김희보, 『구약아모스주해』, 65.

죄악의 결과가 무엇인가를 적나라하게 보여준다.[19]

아모스는 하나님의 심판 역시 정한 때가 있다는 점을
알려준다. 그 표현이 "전쟁의 날에"(on the day of battle)이다.
'날'(day)은 정한 때를 세미하게 정확하게 언급하는 표현이다.
그 날은 일상적인 날(common day)이 아니다. 하나님께서 정한
심판의 날이다. 어느 누구도 변경할 수 없는 날이다. 하나님
께서 그의 백성을 대적하는 자들을 향하여 친히 전쟁의 용사
처럼 선두에서 싸우시는 하나님의 공격 시기를 알리는 표현
이다. 하나님께서는 심판으로 폐허가 된 그 땅은 사람들이 거
주할 수 없는 땅으로 만드신다. 왜냐하면, 그 땅의 왕과 지도
자들이 함께 사로잡혀 갈 것을 말하고 있기 때문이다(암 1:15).
암몬 백성들이 잔인한 죄악으로 이스라엘의 영토 길르앗을
빼앗았지만, 그들이 영원히 그 영토를 차지하지 못하고 쫓겨
가는 신세가 되었다. 자신의 영토를 넓히기 위하여 이웃 나라
를 탐하여 온갖 야만적인 만행을 자행했던 왕과 지도자들이
포로가 되어 끌려가는 신세가 된 것이다. 구약의 에스겔 선지
자도 암몬이 받을 최후의 심판에 대하여 예언했다.

19 류호준, 『아모스』, 140.

그러므로 내가 너를 동방 사람에게 기업으로 넘겨주리니

그들이 네 가운데에 진을 치며 네 가운데에 그 거처를 베풀며

네 열매를 먹으며 네 젖을 마실지라 내가 랍바를 낙타의

우리로 만들며 암몬 족속의 땅을 양 떼가 눕는 곳으로 삼은즉

내가 주 여호와인 줄을 너희가 알리라 주 여호와께서 이같이

말씀하셨느니라 네가 이스라엘 땅에 대하여 손뼉을 치며 발을

구르며 마음을 다하여 멸시하며 즐거워하였나니 그런즉 내가

손을 네 위에 펴서 너를 다른 민족에게 넘겨주어 노략을 당하게

하며 너를 만민 중에서 끊어 버리며 너를 여러 나라 가운데에서

패망하게 하여 멸하리니 내가 주 여호와인 줄을 너희가 알리라

하셨다 하라(겔 25:4-7)

에스겔이나 아모스가 예언한 대로 암몬은 주전 7세기에
앗수르의 속국이 되어 조공을 많이 바쳐야 했고, 6세기에는
바벨론에 의해 멸망 당하여 백성들이 유배를 당했다(렘 49:1-
6; 겔 21:18; 25:1-7; 습 2:8-11).

(6) 모압(Moab)의 서너 가지 죄

모압 역시 롯의 후손이다. 롯이 그의 맏딸과 근친상간
관계를 통해 얻은 첫아들이었다(창 19:30-38). 모압과 이스라

엘은 먼 친척 관계였지만 모압은 암몬과 합세하여 이스라엘을 침공함으로써 적대관계를 형성해 왔다. 여호수아 24:9와 민수기 22-24장에 따르면 모압 왕 십볼(Zippor)의 아들 발락(Balak)이 일어나 이스라엘과 싸웠고, 선지자 발람(Balaam)을 통해 이스라엘을 저주하게도 했다. 사사 시대에는 모압 왕 에글론이 이스라엘을 침략하여 괴롭혔다(삿 3:12-30). 사울 왕이 통치했던 기간에도 모압은 암몬과 함께 이스라엘과 전쟁을 했으며, 이스라엘을 약탈하기도 했다(삼상 14:47-48). 다윗이 통치하면서 이스라엘은 모압을 완전히 제압했으며, 조공을 받기도 했다(삼하 8:2). 그러나 솔로몬이 죽은 이후에 모압은 독립했다.

그렇다면 하나님께서 아모스를 통해 심판을 선언하게 하시는 모압의 범죄행위가 무엇인가? 모압이 저지른 범죄는 "그가 에돔 왕의 뼈를 불살라 재를 만들었음"(암 2:1)이었다. 물론 모압이 언제 에돔 왕의 뼈를 불살랐는지는 분명하지 않다. 그러나 모압이 이스라엘과 싸울 때 전세가 불리하여 에돔 왕에게로 가고자 하였으나 가지 못하게 된 것 때문에 모압이 에돔 왕에게 복수한 행동으로 볼 수 있다. 복수치고는 좀 비겁한 행동으로 보인다. "왕의 뼈를 불살랐다"라는 것은 왕이 죽은 후에 발생한 사건인 듯하다. 한 나라의 왕의 무덤을 파헤치고 시체를 끄집어내어 불로 그 뼈를 태워 재(ashes)로 만들었다.[20] 이런 행동은 한 나라의 왕이나 백성에 대한 모욕이자 경멸이다. 이런 행위는 공의로우신 하나님을 분노하게 했으며, 무서운 심판을 초래하게 했다. 하나님의 심판은 세 가지 내용으로 선언되었다.

첫째, 하나님께서 모압에 불을 보내어 그리욧 궁궐들 (palaces of keriyoth)을 살라버리겠다는 것이다. 학자들은 '그리욧'을 모압의 수도였을 것으로 추정하기도 한다. 예레미아 48:24에서도 모압의 대표적인 도시들 가운데 '그리욧'이 언급된다. 이형원은 '그리욧' 궁궐들을 불사르겠다는 이유에 대하여 "많은 도성 중에서 그리욧을 언급한 것은 그 도성이 단순히 정치가들의 처소가 아니라 그모스(Chemosh) 신을 섬기던 중심지이기 때문이기도 하다."[21]라고 말했다. 우상을 섬기는 것은 여호와에 대한 직접적인 범죄행위다. 그들이 섬겼던 신 그모스(Chemosh)가 여호와의 심판으로부터 그들을 보호해 주지는 않을 것이다. 모압이 에돔 왕의 뼈를 불살라 한 줌의 흙

---

20 김희보는 아모스 2:1에서 언급한 '뼈'(bones)란 말은 시체의 뼈를 의미한다고 했다. 학자들은 '뼈'에 대하여 '흰 가루'를 지칭하는 '회'로 번역하기도 하고, 또는 '재'(ashes)로 해석하기도 한다. 개역개정역은 '재'로 번역했다. 김희보, 『구약아모스주해』, 71

21 이형원, "설교자를 위한 아모스 강해", 『아모스 어떻게 설교할 것인가?』, 157.

이 되게 만들었다면, 이제 하나님은 모압의 궁궐들을 불살라 잿가루로 만드시겠다는 것이다.

둘째, 모압이 죽게 되리라는 것이다. 아모스 2:2은 모압이 어떻게 죽게 될 것인가를 선언한다. 아모스는 모압이 "요란함과 외침과 나팔 소리 중에서" 죽을 것이라고 했다. 이러한 표현은 아모스의 예언을 듣는 청중들이 모압에서 펼쳐지는 전쟁의 상황을 청각적으로 느끼게 될 것을 보여준다. '요란함'은 모압을 침략하려는 전사들의 함성과 전쟁의 소문에 온 성읍과 길거리에서 쏟아져 나오는 모압인들의 비명을 예고한다. 외침과 나팔 소리는 전쟁에서 승리한 자들이 흥분한 가운데 외치는 소리와 승리를 자축하는 나팔의 소리를 뜻한다. 승리자의 외침과 나팔 소리로 가득 차고 전쟁에서 패배한 모압은 죽음의 시체 더미가 될 것을 예고한다. 류호준은 "모압이 그들 이웃 나라의 감정을 무시하고 시체를 파내 불살라 그들의 위엄을 짓밟은 것처럼 모압의 시체들이 길거리에 너절하게 널려 있게 될 것이다."라고 말한다.[22]

셋째, 여호와께서 재판장들과 지도자들을 멸하실 때 그

---

22 류호준, 『아모스』, 145.

(모압)와 함께 죽게 될 것이라는 선언이다.[23] 아모스가 2:3에서 언급하고 있는 "재판장"과 "지도자"는 모압 왕국의 모든 방백을 지칭하는 것으로 보인다. 또한 이는 한 국가가 잘못된 지도자를 만나면 그 불행이 그의 방백들뿐만 아니라 온 백성에게 미치게 된다는 교훈을 준다. 아모스 선지자 당시 이사야도 이렇게 예언했다.

> 여호와의 손이 이 산에서 나타나시리니 모압이 거름물 속에서
> 초개가 밟힘 같이 자기 처소에서 밟힐 것인즉 그가 헤엄치는
> 자가 헤엄치려고 손을 폄 같이 그 속에서 그의 손을 펼 것이나
> 여호와께서 그의 교만으로 인하여 그 손이 능숙함에도
> 불구하고 그를 누르실 것이라 네 성벽의 높은 요새를 헐어 땅에
> 내리시되 진토에 미치게 하시리라(사 25:10-12)

모압을 향한 이러한 선언이 여호와께서 선언하신 말씀이라는 것이다. 따라서 모압에 내리시는 하나님의 심판은 왕

---

23 아모스 2:3에서 재판장과 지도자들이 "그와 함께"(with him) 죽게 될 것이라고 했는데 여기 "그"는 누구인가 하는 것이다. 김희보는 "여기에 저와 함께"(with him)라고 한 '저'는 왕을 가리키는 것이라고 보아야 할 것이다. 앞에 '궁궐'이란 말이 나왔으므로 여기서 '저'는 왕으로 봄이 타당하다. 더구나 이 '저'는 '방백'과 평행댓구(平行對句)를 이룸을 보아 그렇다."김희보, 『구약아모스주해』, 75.

도, 재판관도 그리고 지도자들도 피해 갈 수 없다는 것이다. 인간이 행한 부당하고 잔혹한 행위에 대하여 하나님은 단호히 심판하시는 분이심을 보여주고 있다. 우리는 지금까지 이방 나라들인 다메섹(시리아), 가사(블레셋), 두로(페니키아), 에돔, 암몬 그리고 모압이 저지른 서너 가지 죄악들이 무엇들이며, 그 죄악에 대하여 하나님께서 어떻게 심판하시는가를 검토해 보았다. 결론적인 관점에서 우리는 몇 가지 질문을 할 수 있다. 왜, 하나님께서는 이방 나라들의 범죄에 대하여 형벌하시는가? 그들이 범한 죄악들이 하나님과 어떤 연관성을 가지고 있는가? 지금도 하나님께서는 모든 국가의 죄악에 대하여 그렇게 형벌하시는가? 이러한 질문들에 대하여 구체적으로 답변하기는 어렵다. 그러나 종합적인 관점에서 몇 가지 답변을 제시하려고 한다.

첫째, 이방 나라든 하나님의 선택 받은 백성이든 모든 민족과 국가들은 하나님의 통치와 심판 아래 있다. 사람들과 나라들은 모두 하나님의 피조물들이다. 그것들은 지금도 하나님의 영원한 소유요, 통치하에 있는 존재들이다. 그런 의미에서 하나님은 만왕의 왕이시며, 만주의 주이시다. 특별히 하나님의 이름이나 명예나 영광을 대항하여 범죄 할 때 하나님은 그분의 통치권을 사용하신다. 하나님의 통치 질서와 하나님의 의로우심과 사회적 정의로 온 세상을 다스리고 심판하신다. 류호준은 "역사의 주제이시며 만물의 창조자이신 하나님은 그분의 정의와 공의로 이 세상을 다스리고 운행해 나가신다."라고 했다.[24]

둘째, 이방 나라들이 범한 죄악은 하나님과 관련되어 있다. 하나님은 홀로 온 우주의 유일하신 주권자이시다. 그러나 이방 나라들은 그 절대적 주권자를 경외하지 아니했다. 오히려 하나님 대신 우상을 숭배했다. 하나님은 그의 나라와 백성을 우상에게 주기를 원하지 아니하신다. 이방 나라들 안에도 하나님의 선택 받은 백성들이 존재하고 있다. 국가의 지도자들과 종교지도자들은 국가와 백성을 주권자의 '의'(righteousness)에 근거하여 사회경제적 정의(Justice) 위에서 다스려야 한다. 그러나 그들은 우상을 섬겼다, 사회경제적 정의를 버리고 평등을 무너뜨렸다.

셋째, 하나님은 온 인류의 심판자라는 것을 성경은 가르친다. 따라서 분명 그의 백성이든 이방 나라이든 종국에는 그들이 지은 죄악에 대하여 심판하신다. 그러나 사사건건 간섭하시고 인애와 기다림 없이 심판하시는 분은 아니시다. 그

---

24 류호준, 「아모스」, 147.

렇게 죄악을 심판하시면 이 땅에 사람들은 존재할 수가 없다. 하나님의 심판 칼날을 피하기 어려운 죄악의 사람들이지만 그들이 여호와께로 돌아오기를 기다리고 계신다. 그러나 하나님의 인내에는 한계가 있다. 그의 백성들과 이방 나라 사람들도 하나님의 마지막 심판대 앞에 서야 할 날은 반드시 온다. 그러므로 타락하고 죄악이 가증되는 세상에 사는 하나님의 백성들은 자신들의 정체성을 바로 알고 하나님과의 신앙의 관계에서와 삶의 터전인 이 세상에서 사회경제적 정의와 윤리적 규범에 따라 사는 하나님의 백성들임을 드러내야 할 것이다.

2) 유다(Judah)의 서너 가지 죄

아모스는 유다 출신의 선지자이다. 유다 백성이 누구인가를 잘 안다. 하나님을 그들의 유일한 주권자로 믿고 따라야 하는 백성이 유다 백성이다. 당연히 하나님을 경외하고 율법을 준수해야 하는 백성이다. 그럼에도 선지자는 유다 백성이 하나님께 범죄 한 죄가 있음을 폭로한다. 어찌 하나님은 자기의 선택한 백성의 죄악을 덮어 두지 아니하시는가? 여기에 인류의 죄악을 공평하게 다루시는 하나님의 공의를 드러내 보인다. 아모스는 유다에게도 서너 가지 죄악들이 있음을 폭로한다. 그렇다면 유다가 하나님을 대항하여 범한 죄들이 무엇인가? 아모스는 "그들이 여호와의 율법을 멸시하며 그 율례를 지키지 아니하고 그의 조상들이 따라가던 거짓 것에 미혹되었음이라"(암 2:4)고 말한다.

첫째, 유다는 여호와의 율법(the Law of the Lord)을 멸시했다. 여기 아모스가 언급한 율법은 하나님께서 그의 언약 백성과 맺은 언약법전을 뜻한다. 그 법은 신앙과 삶의 토대를 세우는 도덕법, 십계명을 포함하여 종교 예전법과 시민 생활법을 포함한다. 이 율법은 언약 백성의 신앙과 삶에 대한 기본법으로 모세가 시내 산에서 받은 율법을 말한다. 유다 백성이 이 율법을 경멸하거나 거역했다는 것이다.[25] 폐기할 수 없는 절대자의 말 또는 언약법을 경멸하거나 폐기했다는 것은 그분과의 관계를 끊겠다는 것이다. 유다 백성은 하나님의 언약 안에 있는 백성이다. 그 백성은 하나님과 피로 맺은 언약법에 따라 신앙과 삶을 영위하도록 약속된 백성이다. 이런 법을 폐기했다는 것은 언약법을 제정하신 하나님께 대항하는 도전이요 그분과의 관계를 끊어 버리는 행위이다. 이러한 유다의 태도를 이사야 선지자 역시 고발하고 있다. "그들이 만

---

25 Revised English Bible은 '멸시했다'라는 말을 '차버리다'라는 의미의 'spurned'란 단어를 사용했다.

군의 여호와의 율법을 버리며 이스라엘의 거룩하신 이의 말씀을 멸시하였음이라"(사 5:24).

둘째, 유다는 율법에 명시된 율례를 지키지 아니했다. '율례'란 율법에 명령된 종교적 예전법을 말한다. 예전법 안에는 제사법, 절기법, 청결법, 음식법 등이 포함된다.[26] 물론 아모스는 유다가 지키지 아니한 율례들이 무엇인가 구체적으로 밝히지 않고 있다. 구약에서 예전법들은 대체로 신약시대에 오실 예수 그리스도를 예표하고 있는 법들이 많다. 그렇다면 이런 법들을 지키지 아니했다면 모형이 아니라 실제로 오실 예수 그리스도를 무시했음을 뜻한다. 이것은 엄청난 범죄이다. 하나님의 존재 자체와 하나님의 구원 경륜을 무시한 처사이다. 유다 백성에게 이것은 중대한 범죄행위다. 왜냐하면, 유다의 뿌리로부터 예수 그리스도가 오시도록 예정되어 있기 때문이다. 따라서 하나님의 율례는 매일의 삶 속에서 지켜져야 하며, 인간의 범죄로 말미암아 파괴되지 않도록 잘 보호되어야 한다. 그러나 유다의 백성은 이것을 지키지 않았다.

셋째, 유다는 조상들이 따라가던 거짓에 미혹되었다. 아

---

26 김희보는 이 말은 "넓은 의미의 율법 속에 포함되는 것이지만 구별 지어 말할 때는 기록된 의식적(儀式的)인 법과 규범적이요 조례적(條例的)인 계명들을 말한다"라고 해석했다. 김희보, 『구약아모스주해』, 78.

모스를 통한 유다에 던지는 경고는 그들의 조상들이 추종하고 있는 거짓 것에 있다. 여기 '거짓 것'(Kazab, their lyings or their vains)이란 인간이 만들거나 고안한 우상이라는 의미이다. 우상이란 헛것이요, 거짓 것이요, 사람을 속이는 것이다. 그러나 아모스가 본문에서 우상이라는 말을 사용하지 않고 '거짓 것' 혹은 '헛것'이라고 표현한 것은 유다가 지켜야 하는 신관이 유일신관(唯一神觀)이라는 점을 보여준다. 그러나 유다 백성은 그들의 유일신이신 여호와를 숭배하지 않고 거짓 것 혹은 사람이 만든 것을 추종했다. 따라서 아모스의 표현은 유다의 우상숭배만을 배격하는 것이 아니라 여호와만이 참 하나님이라는 그의 유일신관을 천명한 것이다. 이것은 마치 바울이 신약에서 "우리가 우상은 세상에 아무것도 아니며 또한 하나님은 한 분밖에 없는 줄 아노라."(고전 8:4)고 한 것과 같다. 그렇다. 우상은 헛된 것이다. 우상은 거짓 신이다. 우상은 죽은 것이다. 우상에게는 생명이 없다. 실재한 것이 아닌 인간이 만들어 낸 것이다. 그럼에도 인간은 눈에 보이는 우상을 더 인정하고 믿고 따른다. 우상숭배는 하나님께서 가장 싫어하는 범죄이다. 제1계명을 위반한 것이다.

3) 간략한 결론

아모스가 이방 나라들, 유다 그리고 이스라엘의 서너 가지 죄들을 지적하고 그 죄들에 대한 형벌을 선포했다. 물론 아모스가 표현한 "서너 가지 죄"란 실제로 그들이 범죄 한 내용이 세 가지 혹은 네 가지란 의미라기보다 세 번 또는 네 번 거듭하는 죄를 뜻한다. 그렇다면 이방 나라들과 유다와 이스라엘이 범한 서너 가지 죄들이란 표현 속에서 공통적으로 지적된 죄목을 발견할 수 있다. 공통적으로 지적된 죄목이 무엇인가? 그것이 "궁궐들을 사르리라"(암 1:4, 6, 10, 12, 14; 2:2, 5; 3:11)의 이유이다.

여기 아모스가 사용한 궁궐은 흔히 궁전(palace), 성(castle), 교두보(fortress) 또는 요새지(stronghold)를 의미하기도 한다(암 1:10; 2:5; 6:8; 참조 사 32:14; 애 2:5, 7; 대하 36:19). 때로는 이 말이 '피난처' 또는 '은신처'를 표현하기도 한다. 그렇다면 고대에서 한 국가의 궁궐은 어떤 곳이며, 무엇 하는 곳인가? 궁궐 안에는 한 나라를 통치하는 왕과 왕실 관리들, 재판관들, 종교지도자들, 재정을 뒷받침하는 왕실의 부자들이 모인 곳이다.

물론 긍정적으로는 국가를 보위하고, 국가의 경제적 위상을 높이고, 국민의 삶의 질을 높이고, 평화롭고 질서 있는 사회를 건설하는 목표와 방향을 결정하는 행정 수반들이 모인 곳이기도 하다. 그러나 부정적으로는 절대 군주 시대의 궁궐 안에는 가난한 자, 연약한 자, 힘없는 자들을 억압하고 수탈하기 위한 논의가 이루어진 곳이기도 하다. 이곳이 궁궐이고 왕실이다. 바로 정치, 경제, 사회, 문화, 종교적 이슈들을 만들어 내고 실천하도록 명령하는 진원지가 궁궐이다. 이 범죄 집단이 행하고 있는 죄악들 때문에 불을 보내어 궁궐들을 사르겠다는 것이다. 불(fire)을 보낸다는 것은 강력한 무기(missile, weapon)를 보내겠다는 것으로 전쟁을 선포한 상징적인 표현이다. 범죄 한 나라들의 행정적, 경제적, 사법적, 종교적인 지도자들이 모여 있는 그 궁궐을 삼켜버리겠다는 것이다. 하나님의 엄중한 심판의 메시지를 전달한 것이다.

IV

이스라엘(Israel)의 서너 가지 죄와
사회경제적 부정

IV
이스라엘(Israel)의 서너 가지 죄와 사회경제적 부정

    하나님께서는 아모스 선지자를 통해 이스라엘의 서너 가지 죄들이 무엇인가를 선포했다. 그 서너 가지 죄들이 사회경제적 죄(불법과 불의)이다. 이 죄들은 이스라엘 백성들 가운데 특별히 "그들이"(암 2:6) 범한 죄들이었다. 아모스는 "그들"에 대한 직접적인 언급을 본문(암 2:6-8)에서 피하고 있다. 그렇다면 그들이 누구인가? 아모스는 줄곧 그의 예언적 기록을 통해 그들의 이름을 밝히기 전에 그들이 범한 잘못들이 무엇인가를 먼저 폭로한 후에 아모스 6:1에서 그들이 누구인가를 밝혔다. 그들은 "백성들의 머리인 지도자들"이다.[1] 그렇다면 아모스 선지자가 이스라엘의 서너 가지 죄악들을 반복하여 언급하는 메시지에서 그 지도자들이 누구인가를 찾아낼 필요가 있다. "그들"에 관해서는 본문에서 명시적으로 언급되지 않았다. 그러나 아모스는 그들이 행한 범죄의 행동들을 반복적으로 고발한다. 결국, 아모스 6:1에서 그들이 누구인가를 밝힌다. 그들이 "백성들의 머리인 지도자들"이었다. 백성의 지도자들이 어떤 부류의 자들인가를 밝히고 있다. 지도자의 범죄와 타락은 백성들의 범죄와 타락으로 이어지며 그 결과는 모두가 하나님의 심판 아래 놓이게 된다.

1. 재판관들의 범죄(2:6-7상)

아모스는 2:6에서 "이는 그들이 은을 받고 의인을 팔며 신 한 켤레를 받고 가난한 자를 팔며"라고 했다. 물론 이 구절에서 의인을 팔고 궁핍한 자를 파는 자들이 누구인가에 대한 학자들의 해석은 다르다. 구약의 일부 학자들은 이들이 뇌물을 받고 불의의 불의한 판결을 하는 재판관으로 보고 있다

---

1 Revised English Bible은 "백성의 지도자들"(암 6:1)을 '국가의 최고 수위에 있는 중요한 자들'(men of mark in the first of nations)로 번역했다.

(Keil, Driver).[2] 이형원은 "은을 받고 의인을 팔며 신 한 켤레를 받고 가난한 자를 팔며"라고 한 말은 "고대 이스라엘 사회의 법조계에서 비일비재했던 뇌물수수를 암시한다."라고 했다.[3] 그는 역시 "신 한 켤레를 받고 궁핍한 자를 파는 일은 악한 재판관이 재산이나 토지를 거래하는 당사자들 사이에 발생한 법정 소송을 맡으면서 부유한 자들에게 유리하게 판결해 주고, 궁핍한 자들을 노예로 전락시키면서 그 대가로 부유한 자의 재산권이나 토지권 일부를 얻는 경우를 뜻한다."라고 했다.[4] 김태훈은 본문을 이렇게 해석한다.

> 본문은 법정에서 의로운 측으로 판단되어야 할 사람들이
> 억울함을 풀지 못하는 상황을 보여준다. "신 한 켤레"는 얼마
> 되지 않는 뇌물이나 혹은 가난한 자가 진 얼마 되지 않는 빚을
> 지칭할 것이다. 재판관은 형편없는 가치의 돈을 받고도 재판을
> 어그러뜨릴 정도로 타락했고, 채권자들은 아주 적은 빚을 갚지
> 못하는 채무자들을 노예로 팔아 버린다. 가엾은 사람들은

---

2 김희보, 『구약아모스주해』, 83.

3 이형원, "이스라엘에 대한 예언", 『아모스 어떻게 설교할 것인가?』 (서울: 두란노아카데미, 2009), 163.

4 Ibid.

자기가 가진 것들을 다 빼앗길 분만 아니라 비인간적인 취급을 받으며 살아야 했다.[5]

결과적으로 재판의 과정에서 정의를 원칙으로 해야 할 재판관들이 뇌물을 받고 불공정하게 재판하며, 뇌물로 자신들의 재산을 축적해 가는 일은 도덕적 범죄이며, 하나님의 율법을 어기는 재판관들의 죄악을 아모스는 지적한 것이다. 이러한 자들에 대한 아모스의 선포는 5:10-12에서 반복된다. 아모스 5:10, 12은 이렇게 기록하고 있다.

무리가 성문에서 책망하는 자를 미워하며 정직히 말하는 자를 싫어하는도다…. 너희는 의인은 학대하며 뇌물을 받고 성문에서 가난한 자를 억울하게 하는 자로다

이 구절들에서 말하는 '무리'(너희)는 아모스 5:7의 "정의를 쓴 쑥으로 바꾸며 공의를 땅에 던지는 자들"을 가리킨다. 두 구절에서 반복적으로 언급된 성문은 당시에 장로들이 모여 회의도 하며, 재판을 집행했던 장소이기도 했다. 따라서

---

5 김태훈, "'마르제아흐'에 대한 아모스의 비난", 『아모스 어떻게 설교할 것인가?』 (서울: 두란노아카데미, 2009), 91.

무리는 재판의 과정에서 공의를 드러내고 악한 자를 책망하며, 송사에서 올바르게 심문하고 판결을 내려야 하는 재판관 혹은 변호사들을 두고 한 말이다.

아모스는 계속하여 "힘없는 자의 머리를 티끌 먼지 속에 발로 밟고 연약한 자의 길을 굽게"하는 자들이 범한 죄를 폭로한다.[6] 물론 "그들이 누구인가에 대해서는 포괄적으로 이스라엘 백성으로 보는 견해도 있지만 6절 하반 절과 관련시킬 때 이들 역시 불의한 재판관들로 볼 수 있다. 고대 이스라엘 사회 안에서의 사법부의 지도자들은 사회정의를 수호하고 힘없고 연약한 자들을 보호해야 하는 명령을 위임받은 자들이었다. 그러나 그들은 부유층이나 특권층 인사들과 결탁하여 뇌물을 받고 판결을 굽게 하며, 자신들의 재산을 축적해 가는 일을 자행했다. 이런 일은 도덕적으로 어긋날 뿐만 아니라 하나님의 율법에 반하는 큰 죄악임을 아모스는 폭로하고 있다.

---

6 암 2:7의 "힘없는 자"에 대한 번역상의 차이점이 있다. The meek(KJ.), The afflicted(RSV), The humble(NEB, REB), The poor(JB, NIV) 등이다. 김희보는 이 용어의 해석을 경제적으로 빈궁한 자나 육체적으로 고통을 당하는 자라기보다 마음이 가난하고 겸손하거나 온유한 자를 가리킴이 타당하다고 설명한다. 결과적으로 겸손한 자가 가는 길을 어떤 지위나 권력을 가진 자들이 압박하는 것을 의미한다고 볼 수 있다. 김희보, 『구약아모스주해』, 85.

2. 경제적 부자들의 범죄(2:7하-8)

아모스 2:7 하반 절은 "아버지와 아들이 한 젊은 여인에게 다녀서 내 거룩한 이름을 더럽히며"라고 기록하고 있다. 이는 부유한 자들의 성적 타락에 대하여 말하는 것이다. 아버지와 아들이 상업을 위해 지방을 방문했는지 아니면 산당이나 성소에 제사를(암 4:4-5) 지내기 위해 방문을 했는지 분명하지 않다. 그러나 학자들은 아버지와 아들이 산당에 우상을 섬기러 갔다가 그곳에 상주하고 있는 매춘부와 성관계를 맺은 것이라고 말한다. 이형원은 이렇게 설명한다.

> '부자(父子)가 한 젊은 여인에게 다닌다'라는 말은 아버지가
> 산당에 바알 우상을 섬기러 갔다가 그곳에 상주하고 있는
> 매춘부와 성관계를 맺고 나오자, 그것도 모른 채 그의 아들이
> 다시 산당에 들어가서 매춘부와 성관계를 맺는 경우를 뜻한다.[7]

---

7 이형원, "이스라엘에 대한 예언", 165.

김희보 역시 "여기 한 젊은 여인은 소위 바알 신전에 바쳐진 소위 '성녀'로 보았다."[8] 이스라엘 백성에게는 우상숭배가 허용되지 않았다. 오직 여호와만 섬기게 되어있다. 그러나 이는 경제적으로 부유한 자들이 우상을 섬기는 행위와 성적 욕구를 만족하게 하려고 행하는 성적 부패상을 아모스는 지적하고 있다. 아모스는 그 당시 권력자들이나 부유한 상인들이 행하는 일상생활을 폭로한다. 하나님을 섬겨야 하는 자들이 우상의 산당에서 매춘부와 불륜의 관계를 맺는 성적으로 탈락한 모습은 이스라엘 사회의 부패상을 바로 보여준 것이다. 또한, 아모스는 이들이 우상의 산당이나 성전 안에서 행한 성적인 범죄와 또 다른 죄악의 행위를 고발한다. 그들이 "모든 제단 옆에서 전당 잡은 옷 위에 누우며 그들의 신전에서 벌금으로 얻은 포도주를 마심이니라."(8)[9]

아모스는 4:1에서 부유한 권력자들이나 상인들의 아내들을 "바산의 암소들"이라고 표현했다. 그들 역시 힘없는 자

---

8 김희보, 『구약아모스주해』, 86.

9 아모스가 "모든 제단"(every alters)이라고 표현한 것은 이스라엘 지역 안에 세워진 모든 제단을 지칭한다기보다 이스라엘 여러 지역에 세워진 제단을 의미하는 듯하다. 이스라엘 백성들은 이곳에서 여호와와 우상을 겸하여 섬긴 종교적 혼합주의에 빠져 있었다.

와 가난한 자를 압제하며, 남편들에게 술을 가져다가 마시게 해 달라고 졸라대는 모습을 아모스는 폭로했다. 이 사마리아의 여인들은 남편들의 사회적 권력이나 경제적 부를 등에 업고 사회의 약자들인 고아, 과부 혹은 나그네들을 압제하거나 협박하여 부당한 재물을 축적했다. 그들이 축적한 부는 힘이 없고 연약한 자들의 노동과 생산으로부터 얻은 것들로 채워져 있다. 이러한 여성들의 행동을 아모스는 이렇게 표현했다. 첫째로 사마리아의 여인들은 가난한 자들을 압제하는 자들이요, 둘째로 그들은 불쌍한 자들을 짓누르는 자들이요, 셋째는 그녀들의 향락을 위해 남편들의 권력을 이용하여 술을 더 가져오라고 하는 자들이다.

부유한 상인들의 이러한 범죄를 아모스는 8:4-6에서 반복해서 지적했다. 앞에서 언급한 경제적으로 부유한 사람들의 사치스럽고 호화로운 생활의 단면을 지적했지만, 아모스 8:4-6의 내용에서는 부유한 자들이 어떤 수단과 방법을 통해 부를 축적했는가를 적나라하게 폭로한다. 그들은 하나님께서 율법으로 명하신 성일과 절기를 무시하면서까지 돈벌이에 몰두했고, 온갖 속임수를 다 써가면서 돈을 긁어모았다. 도저히 하나님의 명을 받고 지도를 받는 백성이라고는 상상하기 어렵다. 어쩌다 이렇게 돈에 눈이 멀게 되었는가? 정의로운 선지자가 볼 때 참기 어렵고 고발하지 아니할 수 없는 시대적 상황이었다. 오늘의 한국교회를 바라보며 이런 선지자가 일어나기를 고대한다.

3. 왕실 관리들과 귀족들의 범죄(3:9-11)

아모스는 3:9에서 이렇게 선포한다. "아스돗의 궁궐들과 애굽 땅의 궁궐들에 선포하여"라고 했다.[10] 무엇을 선포했는가? 그들이 "사마리아 산들에 모여 그 성 중에서 얼마나 큰 요란함과 학대함이 있나 보라"고 선포했다. 하나님께서 아모스를 통해 이렇게 선포한 것은 이스라엘의 죄악이 얼마나 크고 심각한 지경에 이르게 되었는가를 보여주기 위해 이웃 나라들을 불러 증인 노릇 하기를 요청한 것이다.[11]

그런데 아모스가 이 짧은 본문 안에서 반복적으로 사용하는 단어가 있다. 그것은 "궁궐들"이라는 말이다. 물론 궁궐

---

10 LXX경은 '아스돗'(ashdod)을 '앗수르'로 번역했다. 학자들은 필사자(copyist)의 잘못으로 본다. 앗수르와 애굽 보다는 지정학적으로 아스돗(블레셋)과 애굽이라고 함이 더 정확한 표현이다.

11 류호준, 『아모스』, 220.

들이란 '요새'(fortress), '성'(castle) 그리고 '궁정'(palaces)이라고 번역할 수 있다. 문맥의 정황으로 볼 때 궁궐은 궁정이나 왕궁을 의미한다. 그렇다면 그 궁궐들 안에 누가 있는지다. 궁궐에는 그 나라를 통치하는 왕과 왕실의 가족들과 나라의 행정과 법률 그리고 종교와 군대의 권력자들이 상주하는 곳이다. 그런데 그 궁궐 안에는 국가의 경제적 번영, 국민의 안녕과 복지, 군사적 안보와 외교 그리고 유일신 종교의 신앙 전승에 대한 깊은 논의와 기도가 있어야 한다. 그러나 사마리아 궁궐 안에는 그런 것들이 없었다. 그 궁궐 안에는 오히려 "요란함과 학대함" 그리고 "포학과 겁탈"이 있었다고 했다(암 3:9-10). 그 궁궐 안에서 일어나고 있는 일들이 "요란함과 학대함"이었다고 했다. '요란함'이란 떠드는 소리(noise)와 무질서(disorder)와 혼란스러움(confusion)이라 할 수 있다. 또 '학대함'이란 압박(oppression)과 강탈(extortion)을 뜻한다. 한 나라를 통치하는 왕과 가족과 신하들이 모여 법과 질서를 무너뜨리고 공의를 무너지게 만드는 행동을 하며, 권력을 등에 업고 힘없고 연약한 자들을 압박하고 공갈하며 그들의 것을 탈취하는 행동을 하고 있다는 것이다. 류호준은 이렇게 말했다.

이스라엘 안에는 소요와 소란이 있었고 사마리아 성안에는
압제의 소리가 하늘까지 사무치고 있는 것을 보았다. 압제와
협박의 목소리가 정부 기관의 밀실들에서 들려 나왔고, 부패의
썩은 냄새가 종교적 성소들 가운데서 진동하고 있었다. 고아와
과부의 울부짖음이, 외국인 체류자들의 비통한 한숨 소리가
사마리아 성 주위에 맴돌고 있었다.[12]

아모스가 3:10에서 사실을 폭로한 대로 "바른 일을 행
할 줄 모르고" 그리고 "포학과 겁탈을 쌓는 자들이"라고 했다.
나라의 최고 권력자들로서 그들이 해야 하는 바른 일이 무엇
인가? 나라와 백성을 위해 하는 일이 바르고(right), 분명하고
(clear), 진실하고(true), 정직(honest)하게 하는 일이다. 가장 우
선적인 일이 바른 신앙관이요. 다음은 백성을 위하여 나라가
부강하도록 번영을 이루어내며, 외세의 침략으로부터 국가와
국민을 보호하는 일이요, 선민으로서 의무와 책임을 다하도
록 지도하는 일이다. 그런데 이런 일을 제쳐두고 불의와 가혹
함과 폭력과 무자비함으로 권력을 남용하여 범죄를 저지르고
있다. 더 나아가 '겁탈을 쌓는 자라'는 것은 가난하고 힘없는

---

12 류호준, 『아모스』, 224.

백성들로부터 재물과 보물을 빼앗아 쌓아둔 것을 의미한다. 왕실의 권력자들도, 사법권이나 행정권을 가진 자들도, 종교지도자들도, 재물에 눈이 어두워 타인이 벌어놓은 재산을 빼앗아 자기들의 재산으로 쌓아둔 것을 뜻한다. 오늘의 한국 사회와 다른 점이 무엇인가?

이러한 자들에 대한 아모스의 선포는 6:3-6에서 반복된다. 아모스는 6:1에서 이스라엘 안에 사회경제적 범죄의 집단이 누구인가를 밝히고 있다. 그들은 "백성들의 머리인 지도자들"이며, 이스라엘 집이 따르는 자들임을 밝히고 있다. 그들은 이스라엘 백성들이 따르는 왕실의 관리들이고, 재판관들이며, 경제력을 쥐고 있는 사업가들이며, 종교지도자들이다. 바로 이스라엘 사회의 지도급 인사들이며, 상류층의 사람들이다. 백성들의 부러움과 존경을 받으면서 철저하게 백성들을 속였던 그들의 이중적 행위에 대해 류호준은 이렇게 설명한다.

> 그들은 부익부 빈익빈의 속도가 점차 가속화되고 있었던 주전 8세기경, 특정 집단과 계층에 부의 이동이 집중되고 있었을 때 주로 권력을 남용하거나 뇌물로 법의 판결을 굽게 하여 축재한 사람들이었다. 아니면 부도덕한 상거래나 불법유통을

통한 치부를 일삼던 졸부들이었다. 물론 그들은 명목상
종교인들이었고 허울 좋은 교인들이기도 하였다. 각종 절기나
집회 시에 화환을 보내거나 이름을 큰 글씨로 쓴 헌금을 선뜻
내곤 하였던 순박한(?) 평신도 지도자들이기도 하였다. 그러나
그들의 사생활은 전혀 달랐다. 그들은 시온 산 위에, 사마리아의
언덕 위에 호사스러운 저택을 지었으며, 며칠이 멀다 하고 각종
파티와 무도회를 열었다. 시온과 사마리아로 각각 대변되는
남방 유다와 북방 이스라엘 안에는 이와 같은 불한당들이
사회적 유명인사의 탈을 쓰고 거리를 누볐으며, 각종 종교
행사장에, 법정에, 사회 공공기관에 높은 자리를 잡고 위엄 있고
근엄하게 앉아 있었다.[13]

4. 종교지도자의 범죄(암 2:8)

아모스 2:8에 언급된 제단과 '신전에서 일하는 자들이
누구인가?' 하는 문제는 학자들 사이에 해석의 차이가 있다.
어떤 학자들은 부유한 상인인 아버지와 아들이 산당에 우상
을 섬기러 갔다가 그곳에 상주하고 있는 매춘부와 성관계를

---

13 류호준, 『아모스』, 312-313.

맺은 것이라고 말한다.[14] 아모스는 2:8에서 산당이나 성전 안에서 행해졌던 성적인 범죄와 연관된 또 다른 죄악을 소개한다. 그것은 "모든 단 옆에서 전당 잡은 옷 위에 누웠다"라는 표현이다. 물론 이 구절에서 "전당 잡은 옷"은 가난한 자들이 빚을 갚지 못했을 때 채권자들이 빼앗은 옷을 의미한다. 따라서 채무자들이 옷을 빼앗아 입고 성전이나 산당에서 매춘부들과 불륜의 관계를 맺는 자들이 부로 부유한 채권자들이라는 것이다.

그럼에도 또 다른 추론이 가능하다. 성전이나 산당에는 아무나 들어갈 수 있는 장소가 아니다. 성별 된 특정인만 성전이나 산당에 출입이 가능하다면 이들은 성전이나 우상의 신전에서 섬기는 종교지도자들이라고 추론할 수 있다. 하나님의 성전이나 우상의 신전에서 예배와 제사를 지도하고 인도해야 할 성직자들이 빚을 갚지 못했거나 성전세를 내지 못한 자들로부터 전당 잡은 옷 위에 누어서 포도주를 마시고 취한 방탕한 모습을 폭로하고 있다. 하나님을 가장 분노하게 하고 아모스 선지자를 격분하게 했던 사실은 성직자들이 사회의 권력자들과 부자들과 결탁하여 같은 범죄를 저지르고 있

---

14 이형원, "이스라엘에 대한 예언", 165.

다는 사실이다.

특별히 이스라엘 종교지도자들의 타락을 제사장 아마샤를 통해 보여준다. 아마샤는 아모스 선지자에게 이렇게 말한다. "선견자야 너는 유다 땅으로 도망하여가서 거기에서나 떡을 먹으며 거기에서나 예언하고 다시는 벧엘에서 예언하지 말라"(암 7:12-13). 제사장 아마샤가 이스라엘의 선지자 아모스를 인정하지 않으려 한다. 그의 말에는 이런 뜻이 담겨 있다. '선지자야, 예언을 하려면 유다에 가서나 하라. 배가 고프고 떡이 필요하다면 거기서 그것을 얻어먹을 수 있을 것이니, 이곳에 머물면서 또다시 예언을 계속한다면 좋지 않을 것이니 어서 가거라. 큰 형벌이 있기 전에 어서 도망가거라'(암 7:12-13). 이러한 표현은 강한 멸시가 들어간 명령들이다.

그렇다면 아모스 선지자를 향하여 이렇게 비아냥거리는 말을 하는 아마샤는 누구인가? 아마샤는 아모스 선지자 당시 벧엘의 제사장이었다. 아모스 7:13에 따르면 벧엘에 성소가 있었다. 이스라엘 왕이 때때로 그 성소를 찾아 예배했던 곳으로 볼 수 있다. 아마샤는 그 성소에서 일했던 제사장이었다. 아마샤는 벧엘을 방문했던 왕과의 친분 덕에 종교뿐만 아니라 사회, 정치적 영향력을 행사하고 있었던 것으로 보인다. 그는 제사장이지만 왕과 고관들과 교류하면서 하나님 예배하는 일에 섬기는 제사장으로서의 사명을 잊은 듯하다. 힘없고 연약한 백성들을 대하는 부당성을 지적하는 선지자를 멸시하고 공격하는 것을 보면 가난한 일반 백성들이 겪고 있는 삶의 문제들에 대해서는 아무런 관심이 없는 듯이 보인다.

　　권력과 물질 앞에 성직의 도를 잊고 오히려 기득권을 옹호하면서 자신의 지위를 지켜가려는 가증하고도 불쌍한 종교 지도자의 모습을 본다. 이형원은 아마샤가 "가진 자들의 기득권을 옹호해 주며 '현상 유지'(status quo)에 힘쓴 자였다."라고 했다.[15] 당시 이스라엘 사회의 성직자 관에 대해서는 아마샤가 아모스에게 한 말 안에서 발견할 수 있다. 아마샤가 "거기에서나 떡을 먹으며 거기에서나 예언하고"라고 했다. 떡을 먹으라는 말과 예언하라는 말은 "거기에서"란 말에 의해 서로 병행한다. 먹는 것과 예언하는 것을 밀접하게 연결하고 있다. 따라서 아마샤에게 성직자(선지자)란 예언하는 일을 통해 먹고 살아가는 자일뿐이고, 그 성직은 생계 수단이라는 것이다. 그에게 선지자직은 하나님의 소명에 따른 성직이 아니라 먹고 살고 돈을 벌기 위한 직업이란 뜻이다. 류호준은 타락한 벧엘의 성직자를 평가하면서 이러한 것이 벧엘의 종교지도자들만

15　이형원, "재난의 환상들과 아마샤의 반응", 235.

의 전유물이 아니라고 한탄한다.

> 오늘날도 하나님을 만나본 경험도 없이, 그분으로부터의
> 소명감도 없이, 그분의 말씀을 친히 보지도 듣지도 못한
> 상태로, 단순히 먹고 살기 위한 생존의 수단으로 성직에 들어온
> 자들이 혹시 있지는 않은지? 교권에 눈이 어두워지고, 돈에는
> 고개를 수그리고, 권력에는 아부하며, 각종 '장'(長)자리에는
> 목을 빼고 사모하는 어리석은 종교지도자들이 이 땅에
> 없다고 누가 말하겠는가! 그들은 거룩한 것(sacred)을 신성
> 모독적(profane)인 것으로 만드는 사람들이다.[16]

5. 간략한 결론

아모스 선지자는 이스라엘에 서너 가지 죄들이 무엇인
가를 선포했다. 그 서너 가지 죄악들이 사회경제적 죄였다.
그는 이스라엘 국가 안에서 사회경제적 범죄에 가담한 자들
을 "그들"이라고 표현했다. 암묵적 표현 가운데 범죄에 가담
한 그들은 다름 아닌 국가와 종교지도자들이었다. 아모스는

---

16 류호준, 『아모스』, 394.

이들이 범한 사회경제적 죄악들을 반복적으로 사회에 선포했으며, 하나님께 고발했다.

첫째 "그들"은 사법부의 재판관들이었다. 재판관들은 재산이나 토지를 거래하는 당사자들 사이에 발생한 법정 소송에서 불공정하게 판결했으며, 뇌물로 자신들의 재산을 축적해 가는 죄를 범했다(암 2; 6-7; 5:10-12).

둘째, 아모스는 경제적으로 부유한 자들의 범죄를 지적했다. 이스라엘 백성들에게는 영적인 부유함이든 경제적 부유함이든 모든 것이 하나님의 은혜요 축복이었다. 그러나 경제적으로 부유한 자들은 수단과 방법을 가리지 않고 부를 축적했으며(암 8:4-6), 경제적 부를 가난하고 힘없는 백성을 위한 나눔과 섬김에 사용하지 않고 자신들의 향락을 위해 사용했으며(암 4:1), 또한 자신들의 성적 쾌락을 위해 사용했다(암 2:7-8).

셋째, 아모스는 이스라엘 왕실의 관리들과 정치 권력자들의 범죄를 폭로했다. 권력자들이 모여 있는 성 중에는 국가의 경제적 번영을 위한 국가의 방향 제시와 국민의 참여와 방법에 대한 세밀한 계획들이 고안되어야 하는 곳이며, 인간의 무능을 알고 전능자에게 기도하는 곳이 되어야 한다. 그러나 왕실의 관리들과 정치 권력자들이 모인 성 중에는 "요란함과 학대함" 그리고 "포학과 겁탈"이 있다고 폭로했다. 관리들이 모여 공의를 무너뜨리는 행동을 일삼으며, 힘없고 연약한 자들을 압박하고 공갈하며, 그들의 것을 탈취하고 있음을 고발했다.

넷째, 아모스는 가장 슬픈 소식을 이스라엘 가운데 폭로한다. 그것이 종교지도자들의 범죄였다. 종교지도자들은 성별 된 자들이다. 그들의 생각과 삶은 달라야 한다. 그럼에도 산당이나 성소에서 성전세를 내지 못한 자들이나 빚을 갚지 못한 자들로부터 빼앗은 옷을 잠자리로 사용하며, 포도주를 마시고 취한 방탕한 모습을 폭로했다. 이스라엘의 한 제사장은 종교지도자가 하는 일이 밥벌이나 하는 것으로 간주했다. 성직은 생계를 이어가기 위한 삶의 수단이 아니라 전능자의 부르심을 따라 맡겨진 사명을 감당하는 성직자일 뿐이다. 아모스가 폭로한 사회경제적 범죄의 유형 속에 관련된 자들이 사법, 입법, 행정, 경제 그리고 종교지도자들이었다. 오늘의 한국 사회의 상황은 아모스 당시의 이스라엘 사회와 너무나 닮은 상황이다. 한국의 국가와 사회 그리고 종교지도자들은 정말 심각하게 고민하고 민첩하게 대응해야 한다. 재앙의 쓰나미가 밀어닥치기 전에 한국 사회는 깨달아야 한다.

Amos' Crying of Socio-Economic Injustice

V

사회경제적 범죄의 반복

V
사회경제적 범죄의 반복

이스라엘 국가 안에서 사회경제적 범죄는 일회성으로 끝나지 않았다. 동일한 지도자들에 의해 반복적으로 발생했다. 아모스 선지자는 여과 없이 이 사실을 반복적으로 폭로한다. 선지자가 그의 예언적 통찰력을 가지고 반복적으로 선포하는 말에는 긴급성과 위험성이 동시에 내포되어 있다. 그러나 국가의 지도자들과 백성들은 선지자의 소리를 외면하고 있다. 아모스가 그의 예언을 통해 폭로한 반복적인 교훈들을 고찰해 본다.

1. 아모스 2:6-9

아모스 선지자는 이스라엘 대하여 말하기를 시작하면서 우상숭배, 율법의 파기, 규례들의 미실행에 대하여 언급하지 않고 곧바로 사회경제적 범죄에 대하여 지적했다. 가난한 자, 힘없는 자, 연약한 자들에게 행한 백성의 머리인 지도자들의 범죄를 지적했다. 그 범죄에 가담한 자들이 누구인가? 그들이 사법부의 재판관들이었고 부유한 경제력을 가진 상인들이었다. 이미 지적한 것처럼 그들의 범죄는 권력을 이용하여 재산을 축적하는 것이었으며, 그들이 가진 부로 종교적 제의를 핑계 삼아 우상의 산당이나 매춘부들과의 성적 쾌락을 즐기는 범죄였다. 그렇다면 아모스에 따르면 이 본문 안에서 지도자들의 범죄행위를 몇 가지로 지적할 수 있다.

첫째, 무고한 의인을 팔아넘기고 돈을 취하는 인신매매의 범죄이다. 인신매매로 팔려간 자들은 가난하고, 힘없고, 연역한 자들이었다. 아모스가 본문에서 구체적으로 밝히고 있지 않지만, 의인을 팔아넘긴 자들과 범죄에 연루된 자들은 사법부와 종교계 지도자들이었으며, 경제력을 가진 자들이었다. 바로 종교의 이름으로 또는 돈으로 권력을 잡은 자들이었다. 채무를 불이행한 가난한 자를 돈 받고 팔아넘기는 일은 엄청난 범죄행위다. 또한 "신 한 켤레"를 받고 가난한 자를 팔아넘기는 것도 범죄이다. 물론 신발 한 켤레의 값어치가 얼마인지를 잘 나타나 있지 않지만 누가 요구하는가에 따라 그 값은 다를 것이다. 아무리 신발 한 켤레가 소중하다 할지라도 하나님의 형상으로 지음받은 인간과 대등할 수는 없다. 그러나 권력자들은 항상 가난하고 힘없는 자들을 자신들의 치부 대상으로 삼았다. 이러한 아모스의 고발을 통해 오늘 우리 사회에 주는 경각심은 무엇인가? 유물론적 사고에 휩쓸려 돈을 신격화(맘모니즘)하는 시대를 사람들에게 주는 경고의 메시지가 담겨 있다.

둘째, 이스라엘 사회의 권력자들이 가난하고 힘없는 자들에게서 착취하고 심하게 학대한 죄이다. "힘없는 자의 머리를 티끌 먼지 속에 발로 밟고"라는 표현은 기득권자들의 횡포가 얼마나 심했는가를 보여준다. 이 말은 약한 자들의 머리를 짓밟아 뭉개버린다는 표현이다. 이스라엘 사회의 심각한 부패상과 도덕적 타락상을 고발하고 있는 내용이다. 과거나 현재나 정신적이나 경제적으로 빈약한 자들은 가난한 자들이었다. 가난함 때문에 용기를 내지도 못하고, 힘을 쓰지도 못한다. 또한, 그들의 편을 들어줄 자들이 주변에는 없다. 돈이나 권력이 있으면 모든 것을 해결할 수 있다고 생각하는 자들이 여전히 우리 사회 안에도 존재한다. 이러한 자들이 존재하는 한 가난하고 힘없는 자들의 고통은 계속될 것이다.

2. 아모스 3:9-10

아모스는 사마리아의 궁궐들에 있는 왕실의 관리들, 정치 권력자들의 범죄를 반복하여 말한다. 왕실의 관리들과 정치 권력자들은 상아로 만든 겨울 궁, 여름 궁을 드나들면서 환락과 성적 추행과 온갖 범죄에 가담했다(3:15). 아모스는 그 성안에서 요란함과 학대함과 포학과 겁탈이 행해지고 있다는 사실을 폭로하고 있다. 그들을 향하여 "바른 일을 행할 줄 모르는" 자들이라고 말한다. 이러한 표현은 그들이 행한 호화로운 생활, 사치, 향락, 강도질을 표현하는 용어들이다. 아모스는 상류층 사람들의 사치스러운 생활을 강하게 비난했다. 상류층 사람들은 가난한 자들의 소유를 착취하고 그들의 인권을 유린하여 얻은 부산물로 사치스럽고 호화스러운 생활을 즐겼다. 따라서 아모스는 그들이 행한 사치와 방탕에 대항하여 비판한다. 이러한 행동은 여호와 하나님에 대한 경외심을 상실한 불신앙적 태도이다. 아모스 선지자는 사치와 방탕 생활에 젖어 돌이킬 줄 모르는 거만한 자들을 행하여 하나님의 심판 칼날을 피해 갈 수 없다는 것을 선포했다. 아모스는 주 여호와께서 이처럼 말씀하셨다고 선포한다.

> "이 땅 사면에 대적이 있어 네 힘을 쇠하게 하며 네 궁궐을 약탈하리라." "목자가 사자의 입에서 양의 두 다리나 귀 조각을 건져냄과 같이 사마리아에서 침상모서리에나 걸상의 방석에 앉은 이스라엘 자손도 건져 내리라."(3:11-12)고 했다.

아모스 선지자의 무서운 경고이다. 권력자들은 언젠가는 힘을 잃게 된다. 그들이 사치하며, 방탕했던 장소인 궁궐들은 약탈을 당하게 된다. 삶의 터전을 잃게 된다는 말이다. 침상 모서리와 의자의 방석에서 성적 추행의 환락에 정신을 잃었던 자들이 비참하게 죽임을 당하고, 겨우 사자의 입에서 빼앗은 양의 두 다리나 귀 조각처럼 사체의 일부분이 건져냄을 받게 되리라는 경고이다. 그러므로 이러한 사회 지도자들의 죄악이 바로 북왕국 멸망의 직접적인 원인이 되었다는 점을 망각해서는 안 된다.

3. 아모스 4:1-3

이스라엘 국가 안에 행정부, 사법부, 경제적 재벌, 권력자들과 결탁한 종교지도자의 사치와 방탕과 범죄는 멈추지 않았다. 아모스는 4:1-3에서 수도 사마리아에 거하는 부유한 상인들과 권력자들의 아내들이 누리는 부유하고 타락한 생활상을 폭로한다. 아모스는 그 여인들을 "바산의 암소들"(Bashan Cows)이라 표현했다. 이런 표현은 당시 사마리아 성내를 활보했던 최고 지배층 계층의 귀부인들에 대한 모멸적인 표현이다. 아모스가 사마리아의 여인들을 "바산의 암소들"로 표현한 것은 그들이 물질적인 풍요 속에서 안일한 생활로 윤기 넘치는 얼굴과 풍만한 육체를 자랑하며, 향락을 즐기는 자들이었기 때문으로 본다. 김희보는 "바산의 암소들"이란 "호화롭고 사치하고 권세 있는 귀부인들을 상징하는 말"이라는 해석을 소개한다. 그러면서 "바산의 암소들"에 관하여 첫째, 사치와 허영으로 타락해 가는 이스라엘 여성들 가리키는 것으로 보며, 둘째, 이스라엘의 착취계급을 말하는 것으로도 보았다.[1]

---

1   김희보, 『아모스주해』 (서울: 총신대학교출판부, 1984), 169.

"바산의 암소들"이란 표현은 아모스 선지자의 의도적인 표현이다. "바산의 암소들"은 힘이 세며, 풍성한 목초지로 돌아다니며 잘 먹고 자란 소를 지칭한다. 아모스는 바로 국가 권력자들의 부인들을 방목하는 소에 비유하여 허영과 사치로 물든 그녀들의 방자한 행동을 강하게 비판하고 있다. 여호와의 계시에 따른 아모스 선지자의 통찰력은 예리하다. "바산의 암소들" 배후에 힘을 실어주는 세력가가 있다는 것이다. 그들의 배후에 사치스러운 향락과 방탕한 생활에 젖어 들어있는 부인들의 탐욕을 채워주는 자들이 있다는 것이다. 그들이 힘 없는 자를 학대하며 가난한 자를 압제한 남편들(husbands)이었다. 부인들은 남편들에게 지나친 뇌물이나 부를 요구함으로써 사회를 타락하고 부패하게 만드는 일에 간접적인 역할을 했다. 부인들은 "술을 가져다가 우리로 마시게 하라"고 요구했다. 타락한 여인들의 축제에는 절제의 미덕이 사라졌다. 술이 더 필요했고, 방탕의 극치를 맛보려 한다. 사치하고 타락한 귀부인들의 모습은 하나님께서 여성들에게 주신 절제와 양보와 이해심과 부드러움의 본성과 얼마나 다른가! 이것이 멸망 직전의 북왕국 이스라엘의 타락상이다. 이스라엘 사회는 다시 회복할 수 없는 타락의 정점에 이르렀다. 더는 희망이 없어 보인다. 이러한 사회를 향하여 아모스는 여호와의 경고 말씀을 선포한다. 이것은 단순한 경고가 아니다. 여호와께서 자신을 거룩함을 두고 맹세하실 정도의 경고이다.

> 때가 너희에게 이를지라 사람이 갈고리로 너희를 끌어가며
> 낚시로 너희의 남은 자들도 그리하리라 너희가 성 무너진 데를
> 통하여 가기 앞으로 바로 나가서 하르몬에 던져지리라(암 4:2-3)

여호와의 심판 때는 반드시 온다. 대적의 손에 끌려가기 싫지만, 낚시에 걸린 물고기처럼, 갈고리에 걸린 고깃덩어리처럼 강제로 끌려가고, 남은 자가 없도록 하시겠다는 선언이다. 무너진 성벽의 틈을 지나 하르몬에 던져지리라고 했다.[2] 하나께서는 아모스 시대의 부유하고 사치스럽고, 자신의 향락을 위해 가난한 자를 압제하며, 인권을 짓밟아버린 여인

---

2 아모스 4:3에서 말한 "하르몬"(Harmon)은 어디를 가리키는지 정확히 알 수 없다. 로만 산(LXX), 아르메니아(Justine), 알몬 산(Syriac) 등 여러 견해가 있지만 정확한 위치는 알 수 없다. 다만 호화로운 궁궐에서 벗어난 멀리 떨어진 어느 지대일 것이다. 아모스 5:27과 연결할 때 다메섹을 지난 어느 지역일 것으로 본다. 그러나 REB(Revised English Bible)는 하르몬을 '똥 무더기'(dunghill)로 번역했다. 가장 추한 곳, 똥을 버려 묻기가 된 그곳에 던져져 혹은 똥 무더기 같은 가장 비참하고, 더러운 곳에 던져져 죽임을 당하게 될 것으로 표현했다. 『성경 고유 명사 사전』은 이렇게 설명한다. ;이스라엘 백성이 포로로 끌려가다가 내버려 진 어느 지방 이름이며, 성경에 한 번 기록되었다(암 4:3). 공동번역은 '거름더미'로 번역했고, 아랍어 번역본 탈굼은 이를 '아르메니아 산'으로 해석하고 있다. 박재역, 『성경 고유 명사 사전』 (서울:생명의말씀사, 2009), 667-668.

들을 엄중하게 심판하시겠다고 선언하신 것이다. 하나님께서 자신의 거룩함을 두고 맹세한 그 심판의 칼날은 이스라엘 왕국을 내리쳤다. 북왕국 이스라엘은 앗수르에 의해 멸망했다 (B.C. 722). 나라를 잃은 백성들은 뿔뿔이 흩어졌고, 남아있는 백성들의 소유는 탈취당하고, 침략자들에게 유린당하여 여호와를 버리고 우상을 숭배하는 혼합 족속이 되었다.

에스겔 선지자는 두 자매 오홀라(Oholah)와 오홀리바(Oholibah)를 사마리아와 예루살렘에 비유하여 그들이 행한 음행한 행실에 대한 하나님의 심판을 이렇게 선포했다.

> 깊고 크고 가득히 담긴 네 형(오홀라)의 잔을 네가 마시고
> 코웃음과 조롱을 당하리라 네가 네 형 사마리아의 잔 곧 놀람과
> 패망의 잔에 넘치게 취하고 근심할지라 네가 그 잔을 다 기울여
> 마시고 그 깨어진 조각을 씹으며 네 유방을 꼬집을 것은 내가
> 이렇게 말하였음이라(겔 23:32-34)

에스겔은 사마리아와 예루살렘의 죄악에 대하여 다시 폭로한다.

> 또 사절을 보내어 사람을 불러오게 하고 그들이 오매 그들을

위하여 목욕하며 눈썹을 그리며 스스로 단장하고 화려한 자리에 앉아 앞에 상을 차리고 내 향과 기름을 그 위에 놓고 그 무리와 편히 지껄이고 즐겼으며 또 광야에서 잡류와 술 취한 사람을 청하여 오매 그들이 팔찌를 그 손목에 끼우고 아름다운 관을 그 머리에 씌웠도다(겔 23:40-42)

하나님은 이런 그들이 공포와 약탈을 당하게 하며, 불러들인 무리가 사마리아인과 예루살렘 거민을 "돌로 치며, 칼로 죽이고 그 자녀도 죽이며 그 집들을 불사르리라."(겔 23:46-47)고 했다. 아모스 선지자가 외친 성경을 들고 설교하는 이 시대의 설교자들의 선지자적 사명은 어떠해야 하는가? 하나님께서 주신 영적인 은혜를 속히 잊어버리고 물질적 풍요에 취하여 배부름과 낭비와 사치와 향락으로 빠져들어 가는 목회자들과 성도들에게 경고의 메시지를 던져야 한다. 바산의 암소들처럼 여인들이 사치와 향락심을 충족시키기 위해 남편들에게 재정적 지원을 강요해서 남편들이 부정부패에 빠지도록해서는 안 된다는 것을 가르쳐야 한다.

4. 암 5:10-12

본문은 법조계 지도자들의 죄악을 폭로한다. 특별히 아모스는 이들을 향하여 "성문에서 책망하는 자"(5:10) 그리고 "성문에서 가난한 자를 억울하게 하는 자"(5:12)라고 말한다. '성문'은 어떤 곳을 지칭하는가? NIV나 REV는 '성문'을 회의를 하거나 재판을 하는 '법정'(court)으로 번역하고 있다.[3] 아모스는 재판관들이 성문에서 힘없는 자에게서 밀의 부당한 세를 거두었고, 의인을 학대하고 가난한 자를 억울하게 한 자들이라고 폭로한다. 아모스의 책망은 법조계 지도자들의 비리와 관련되어 있다. 백성들 사이에서 발생하는 다양한 소송을 정의롭게 판결해야 하는 법관이나 변호사들이 자신들의 사욕을 추구하기 위해 뇌물을 받고 재판을 그르치게 하는 일에 대하여 책망한다. 아모스 선지자는 그들의 행위를 더 구체적으로 고발한다.

첫째, "정의를 쓴 쑥으로 바꾸며 공의를 땅에 던지는 자들"(5:7)이라고 말한다. 이 절에서 사용된 '정의'(Justice)와 '공

---

3 김희보는 "'성문'(gate)은 성안으로 출입하는 문으로서 만의 역할이 아니라, 문 양쪽에 좌석을 만들고 장로들이 거기에 앉아서 회의하며 재판을 집행하는 장소이기도 하다"라고 했다.

의'(righteousness)는 5:24와 6:12에서도 거듭 사용되고 있다. 아모스가 말한 '공의'(righteousness)는 '재판하다'라는 동사에서 파생된 명사로서 법적 소송의 정당한 판결 기준이 된다. '공의'는 하나님의 율법에 근거하여 하나님과 그의 백성과의 인격적인 관계를 형성하는 잣대가 되기도 한다. 하나님을 믿고 그의 명령에 순종하는 백성에게 주어지는 '칭의' 역시 하나님의 의로부터 전가된다. 따라서 '공의'의 근원은 오직 하나님이시다. 왜냐하면, 하나님만이 의로우신 분이시기 때문이다. '정의'(Justice)라는 말은 '진실하게 말하다'라는 동사에서 파생된 단어로 대사회적 관계에서 법적 규정이나 도덕적 규범에 따라 실천되는 중요한 기준이 된다. 이 정의를 실천함으로써 인간이나 사회적 관계에서 공정성과 진실성이 정착된다. 특별히 사회경제적 관계에서 정의의 실천은 어떤 뇌물수수나 배금주의 같은 사회적 부조리나 풍조를 배격하게 만든다. 그러므로 어느 가족 공동체나 교회공동체나 사회단체나 민족 공동체 안에서 공의와 정의가 나란히 실천될 때 그 공동체는 하나님의 보호하심 속에 머물게 된다. 그러나 그 공의와 정의의 기준들을 무시하고 이웃의 인권을 짓밟고 사회정의를 무너지게 하면 하나님의 심판에서 벗어날 수 없다.

둘째, 백성들로부터 미움을 받고, 신뢰를 받을 수 없는 자들이라고 말한다. 아모스는 5:10에서 "무리가 성문에서 책망하는 자를 미워하며 정직히 말하는 자를 싫어하는 도다"라고 했다. 좀 역설적인 표현이다. 이는 백성들이 재판자리에 앉아 하나님의 법도에 따라 올바르게 판단한다고 하면서 어떤 자는 책망하고, 어떤 자에게는 진실을 말하는 자들을 미워하고 싫어한다는 것이다. 이 성경 안에서 백성들과 사회 지도자들 사이에서 갈등이 발생하고 있음을 보여준다. 소수의 지도자가 자신의 사리사욕을 위해 불의를 행할 때와 백성들이 소수의 의로운 지도자들의 조언을 무시하게 될 때 발생하는 사회적 갈등 현상을 보여준다.

셋째, 아모스는 그들을 향하여 "너희가 힘없는 자를 밟고 그에게서 밀의 부당한 세를 거두었은즉"(5:11)이라고 했으며, "너희는 의인을 학대하며 뇌물을 받고 성문에서 가난한 자를 억울하게 하는 자로다"(5:12)라고 했다. 아모스는 이들이 부당한 방법으로 경제적 부를 취한 자들이라고 폭로한다. 가난한 자들에게 심한 노동을 시키고는 그 대가를 지불하지 않았거나 소작세를 과하게 부과하여 가난한 자들에게 가해진 인권 유린 행위를 강하게 비난한다. 아모스는 자신들의 부를 축적하기 위해 가난한 자들의 생존권을 담보로 할 수 없다는 것을 외치고 있다. 이처럼 사회경제적 공의와 정의를 버린 자들에게 하나님의 공의는 어떻게 나타나는가? 이러한 자들에게 임하는 하나님의 심판은 무엇인가? 아모스는 하나님의 심판을 이렇게 선포한다. "너희가 비록 다듬은 돌로 집을 건축하였으나 거기 거주하지 못할 것이요 아름다운 포도원을 가꾸었으나 그 포도주를 마시지 못하리라."(5:11)고 했다. 쉬운 표현으로 '다 빼앗긴다'라는 말이며, '벌어서 남 준다'라는 말이고, '빈털터리가 된다'는 말이다. 정의를 버리고 불의를 행한 자들에게 남은 것이라곤 고생한 것뿐이다.

이처럼 이스라엘 사회 안에서 발생하는 사회경제적 불의와 갈등 현상에 대항하여 무엇을 요구하고 있는가? 아모스는 이러한 시대를 "악한 때"라고 말한다. 공의와 정의가 무너지면 악이 창궐한다. 악한 꾀와 행동이 공의와 정의로 둔갑한다. '내로남불'이 된다.[4] 아모스는 악이 창궐하거나 득세하는 시기에 지혜자가 침묵하고 있다는 것도 꼬집는다. 지혜자는 누구인가? 여호와를 경외하는 자가 아닌가? 솔로몬은 "여호와를 경외하는 것이 지혜의 근본이요"(잠 9:10)라고 했다. 이 표현에도 역설의 진리가 포함되어 있다. 아모스는 당시 사회를 비판적으로 풍자하고 있다. 공의와 정의가 무너지고 불의

---

4   '내로남불'이란 내가 하면 '로맨스'고 남이 하면 '불륜'이라는 표현을 줄여서 사용하는 말이다.

와 불법이 득세할 때 하나님을 경외하는 지혜자는 침묵해서
는 안 된다는 것을 말하는 것이다. 오늘의 사회를 보자. 지혜
자가 침묵하고 있을 뿐 아니라 오히려 동화되고, 동조하고 있
다. 하나님을 경외하는 참 지혜자는 깨어있어야 한다. 여호와
의 말씀에 따른 공의와 정의를 선포하고, 실천하는 일에 앞장
서야 한다. 만일 지혜자들이 침묵한다면 불행과 고난이 회오
리바람처럼 이런 사회를 향하여 밀려올 것이다.

5. 암 6:1, 3-6

아모스는 6:1에서 사회정치, 경제적 문제에 관련된 자
들을 "백성의 지도자들"이며, 이스라엘 백성들이 따르는 자
들이라고 말했다. 아모스가 6:3-6에서 언급하는 자들은 왕
실의 관리들과 정치 권력자들이다. 이미 이 사실을 아모스는
3:9-10에서 지적했다. 이들의 포학한 행동은 3:10과 일치한
다. 지도자들의 이러한 타락상은 경제적 풍요가 가져다준 풍
요 속의 불행이다. 이형원은 이렇게 설명한다.

> 아모스 시대의 이스라엘 백성들은 여로보암 2세가 제공하는
>
> 정치, 외교, 사회, 경제적 풍요를 마음껏 누리고 있었다.

자국의 군사력이 증대됨으로 말미암아 영토가 확장되고, 여러 신도시가 건설되었다. 또한, 이웃 나라들과의 교역이 활발하게 진행되고 국내에서는 부동산 투기 등이 성행하였다. 그리하여 정치와 경제계에서 중요한 위치에 있는 자들은 국가적 풍요의 혜택을 만끽할 수 있었다. 그들은 이러한 정치 경제적 풍요를 하나님께서 택하신 자들에게 주신 축복으로 이해하며 자만했다. 아울러 자신들의 정욕을 채우려고 풍요한 재물을 낭비하고 정치적 권력을 남용하며, 주위에 공존하고 있던 가난하고 소외된 자들의 부르짖음을 외면했다.[5]

아모스 선지자가 전하는 지도자들의 타락상이 무엇인가? 아모스는 6:3에서 "너희는 흉악한 날이 멀다 하여 포악한 자리로 가까워지게 하고" 말한다. 또한, 아모스는 이스라엘 국가 지도자들의 마음의 상태가 어떠했는가를 지적한다. 그들은 "흉한 날," 즉 하나님의 심판의 날이 오지 않을 것처럼 '멀다'라고 생각하고 있음을 지적한다. 하나님께서 선지자들을 통해 예고한 하나님의 심판에 대한 경고를 들으려 하지 않았다. 그렇게 생각한 지도자들의 죄목들을 좀 구체적으로 살

---

5   이형원, "풍요 속에서 범한 죄악에 대한 하나님의 심판", 211.

펴보자.

첫째, 6:4은 이렇게 말한다. "상아 상에 누우며 침상에서 기지개 켜며 양 떼에서 어린 양과 우리에서 송아지를 잡아먹고"라고 했다. 이들이 하나님이 창조하신 자연파괴의 주범들이다. 상아로 침대를 만들고, 상아로 상을 만들어 호화롭게 꾸민 것은 수많은 코끼리의 죽음을 연상하게 만든다. 상아는 이스라엘 안에서 구할 수 없는 것들로 수입한 것이다. 피조물의 생명도 하나님이 창조하신 생명이다. 상아 침상에 누우면 코끼리 만큼이나 오래 사는가? 어린 양의 고기와 어린 송아지의 고기가 연하고 맛이 있다는 것을 누가 모르는가? 그러한 고기를 부유한 자들만 먹어야 한다는 규정이 어디에 있는가? 연한 양고기와 송아지 고기로 배를 채우며, 값비싼 침대로 치장하고 늦잠을 자고 일어나 기지개를 켜는 부유한 자들의 나태한 모습이야말로 가관이다. 여기서 아모스가 부(富) 자체를 비난한 것은 아니다. 부정한 방법으로, 뇌물로, 권력의 힘을 이용하여 부당하게 모은 재물로 호화로운 생활을 즐기는 것은 죄악이다. 이것을 말하는 것이다.

둘째, 6:5은 "비파 소리에 맞추어 노래를 지절거리며 다윗처럼 자기를 위하여 악기를 제조하며"라고 말한다. 김희보는 이 구절의 표현은 '악기가 사용되고 흥에 겨워 즉흥적으로 뜻 없는 멜로디로 중얼거리는 타락된 생활을 탄식하는 말이다'라고 했다.[6] 이형원은 "노래를 지절거리며"라는 구절의 의미를 이렇게 해석했다.

> 잠과 배고픔을 충분하게 해결한 부유하고도 방탕한 자는
> 이제 다시 삶의 즐거움을 찾기 위해 개인 노래방을 찾았다.
> 그곳에는 비파를 연주하는 자들이 대기하고 있었다. 그는
> 당대에 유행하던 유행가들을 목청껏 불러댔다. 자신이 알고
> 있는 유행가를 다 부르고 나자 흥에 겨워 즉흥적으로 새 노래를
> 만들어 부르기에 이른다. "헛된 노래로 지절거리다"라는 구절의
> 어원적 의미가 바로 이것이다.[7]

이스라엘 백성들은 노래하고 찬양하는 민족이었다. 다양한 악기들을 사용하여 노래한 시편의 노래들이 그것을 입증한다. 특별히 다윗과 솔로몬 시대에는 성 중에 노래하는 남녀를 많이 두었고(전 2:8; 삼하 19:3), 평민 여인들까지도 즐겨 노래하는 일에 동원되었다(삼상 18:7). 그러나 백성의 지도자들

---

6   김희보, 『구약아모스주해』, 312-313.

7   이형원, "풍요 속에서 범한 죄악에 대한 하나님의 심판", 215.

이 지절거린 노래는 여호와를 찬양하는 노래가 아니었다. 이 노래는 이스라엘 사회를 더 부패하게 만드는 타락한 지도자들이 자신들을 축하하는 노래이다.

셋째, 6:6은 "대접으로 포도주를 마시며 귀한 기름을 몸에 바르면서 요셉의 환난에 대하여는 근심하지 아니하는 자로다"라고 말한다. 재물을 긁어모으고 방탕한 지도자들의 모습은 여기서 멈추지 않았다. 노래방에서 유행가와 자작곡을 부른 후에 목이 마른 자들은 이제 술을 마시기 시작한다. 작은 대접으로 마시는 것이 흡족하지 못해 대접으로 포도주를 마신다. 여기 우리 말로 번역한 대접은 주로 성전에서 제사용으로 사용하는 '대야' 혹은 '은반'을 의미한다(출 38:3; 민 4:14; 17:13, 19; 대하 4:8). 이 대접이 제사에 사용된 은과 금으로 된 것이라면 사람들이 마시기를 탐낼 수도 있다. 아모스는 타락하고 방탕한 부유한 자들의 낭비벽을 지적하는 일에 그치지 않고 그들의 신앙적인 무관심과 불경건성을 꼬집어 경고하는 것이다.

대접으로 포도주를 잔뜩 마시고 술에 취한 자들은 이제 값비싼 귀한 기름을 몸에 바른다. 여기 '귀한 기름'은 가장 좋은 기름 또는 특별히 사들인 기름을 의미한다. 이것은 부유한 자들이 행하는 사치의 상징이기도 하다. 고대 이스라엘 백성들 가운데는 목욕 후나 필요한 경우 몸에 기름을 바르는 습관적인 행동이 있었다. 그러나 본문에 사용된 '귀한 기름'(마샤흐)이란 용어는 구약성경 다른 곳에서는 모두 제의적인 기름 부음을 의미한다.[8] 제사에 사용되는 향유이든, 개인이 사용하는 향품이든 몸에 값비싼 기름을 바른다는 것은 사치를 말하는 동시에 향락적인 기쁨을 누리는 것을 뜻한다. 이러한 행동은 오직 자신들의 호화롭고 안락한 생활에만 몰두하는 지도자들의 모습을 들추어낸 것이다. 이스라엘 백성 가운데 가난하고 소외된 자들의 삶에는 아주 무관심한 자들이었다. 그들은 요셉의 환난을 인하여 근심하지 않은 자들이었다. '요셉의 환난'은 어려움에 처한 이웃을 묘사한다. 이웃이 당면한 경제적 궁핍함이나 사회적 억압에는 무관심하고 오직 자신들의 탐욕만 채우려는 자들이었다. 자신들의 탐욕만 채우는 일에 몰두한 자들은 국가와 민족의 불행은 눈에 보이지 않는다. 이러한 현상은 아모스 당시 지도자들의 죄악의 극치를 드러낸다.

이처럼 타락하고, 부패하고, 향락에 젖어 가난하고 소외된 이웃을 외면한 채 살아가는 이스라엘의 지도자들에게 하나님은 또다시 심판의 메시지를 전달한다. 하나님의 심판은

---

8 이형원, "풍요 속에서 범한 죄악에 대한 하나님의 심판", 216.

좀 더 명확하고 구체적으로 밝혀졌다. 아모스는 이렇게 말한다.

> 그러므로 그들이 이제는 사로잡히는 자 중에 앞서
> 사로잡히리니 기지개 켜는 자의 떠드는 소리가 그치리라
> 만군의 하나님 여호와의 말씀이니라 주 여호와가 당신을 두고
> 맹세하셨노라 내가 야곱의 영광을 싫어하며 그 궁궐들을
> 미워하므로 이 성읍과 거기에 가득한 것을 원수에게 넘기리라
> 하셨느니라(6:7-8)

여호와 하나님은 타락한 이스라엘을 향한 자신의 결심을 자신을 가리켜 맹세하심으로 드러내신다. "여호와가 당신을 두고 맹세하셨노라"의 구절은 하나님께서 자신이 선포하신 심판의 메시지가 돌이킬 수 없는 확실한 사실이며, 얼마나 단호한지를 천명한다. 이처럼 국가 지도자들의 타락과 죄악에 대한 하나님의 심판이 무엇인가? 대적에게 사로잡혀 가고, 예루살렘 성읍과 거기에 가득한 것을 원수에게 넘겨주겠다는 것이다. 여호와 하나님은 "야곱의 영광을 싫어하며 그 궁궐들을 미워하므로"라고 하셨다. 하나님을 예배하고, 기도하며, 찬양해야 할 성읍과 왕실의 궁궐에서 자신들이 지닌 재물

과 부를 의지하여 자만하고, 다수의 힘없는 백성에 대하여 무관심하고, 하나님을 신뢰하는 삶에서 벗어난 자들을 싫어하며, 미워하시고 심판하신다는 것이다. 하나님은 이방의 적들을 부르셔서 그들을 사로잡고, 그들이 거주했던 죄악 된 처소들을 산산이 부수고(6:11) 모두 죽이도록 하셨다(6:9).

이스라엘의 지도자들을 비롯하여 모든 백성이 하나님의 심판을 받게 된 것은 하나님의 법을 떠나고, 하나님 경외함을 버리고, 탐욕과 교만과 허영과 사치로 자신들을 치부했던 지도자들의 불의와 죄악 때문이었다. 사회경제적으로 공의와 정의를 실천하며, 하나님의 보호와 인도하심 속에 평안하고, 안정되고 살맛 나는 사회와 국가로 발전하고 번성하지 못하고 대적에게 사로잡히고 짓밟히는 불행한 국가가 되었다. 그러므로 오늘날의 영적 지도자들 역시 자기 이기심과 명예욕과 재물에 대한 애착심으로 가득 찬 세상과 교회를 향하여 하나님의 말씀에 귀를 기울이도록 지도하고, 공의와 정의를 실천하며 살도록 촉구해야 한다. 이 선지자적 사명을 무시한다면 그들과 백성은 죽음에 처한다는 심판의 메시지를 명심해야 한다. 그리스도인 역시 부패하고 타락한 세상, 물질을 신처럼 숭배하는 세상에서 온 국민이 공의와 정의를 실천하도록 하나님의 복음을 전하고, 예수 그리스도 안에서 거듭난 성

품을 소유하고, 그리스도의 제자로서의 사명과 책임을 다하며, 세상을 진리의 빛으로 밝히는 일에 최선을 다해야 한다.

6. 암 8:4-6

아모스는 경제력을 쥐고 있는 부유한 사업가들의 타락을 다시 고발한다. 아모스 4:1에서는 부유한 사업가들의 아내들의 타락한 모습을 폭로했지만 여기서는 사업가들이 어떤 태도로 살고 있는가를 밝힌다. 아모스 선지자의 애처로운 외침과 하나님의 심판에 대한 경고에도 불구하고 정치, 경제, 사회, 종교지도자들의 타락과 불의는 계속 이어지고 있다. 이들의 공통점은 자신들의 부귀영화와 탐욕을 채우기 위해 수단과 방법을 가리지 않고 가난하고 힘없는 자들을 삼키고 망하게 한다는 사실이다. 하나님은 그들을 향하여 "가난한 자를 삼키며 땅의 힘없는 자를 망하게 하려는 자들아"라고 소리치신다. 여호와께서는 다시 한번 아모스에게 자신의 결심을 밝히신다. "내 백성 이스라엘의 끝이 이르렀은즉 내가 다시는 그를 용서하지 아니하리니"라고 하신 것이다. 이스라엘 국가 지도자들의 타락과 여호와를 무시한 범죄행위는 그 도를 넘었다. 이제는 하나님의 계명과 법도에 도전한다. 멸망을 자초

하는 그들의 범죄행위를 구체적으로 살펴보자.

첫째, 하나님의 선택 받은 지도자들이 안식일(Sabbath)과 월삭(New Moon Day)이 빨리 지나가기를 고대하고 있다. 그들은 "월삭이 언제 지나서 우리가 곡식을 팔며 안식일이 언제 지나서 우리가 밀을 내게 할꼬"(8:5)라고 말한다. '월삭'은 새 달(New Moon)을 의미한다. 매달 초하루를 지칭하는 것으로 안식일과 더불어 안식하는 날이며(왕하 4:23; 삼상 20:5, 24), 번제와 소제와 포도주로 드리는 전제와 속죄제를 드리며 하나님 여호와를 예배하는 날이다. 모든 하나님의 백성들에게 바꿀 수 없는 의무적인 날이다(민 28:11-15). 그러나 마땅히 이날을 지켜야 하는 지도자들이 '월삭'이라는 구별된 신앙의 축제일이 빨리 지나가고 다시 장사에 매진하기를 기대하고 있다. 더욱이 모든 상거래가 금지된 안식일도 빨리 지나가기를 기다리고 있다. 정말 타락한 지도자들의 신앙의 모습을 적나라하게 드러내고 있다. 그들의 마음속에 경건함과 안식에 대한 감사함은 사라지고 오직 돈벌이에만 정신이 팔려있다. 월삭이나 안식일에 매매를 멈춤으로 큰 손해를 보고 있다는 가진 탐욕이 가득한 상인들의 초조한 마음을 지적한다. 선지자를 통해 "이 백성이 입술로는 나를 공경하되 마음은 내게서 멀도다."(사 29:13; 마 15:8)라고 하신 말씀은 이를 두고 하는 말이다. 제4계명을 망각하고 하나님을 향한 참된 신앙을 버린 타락한 지도자들의 모습이 아닐 수 없다.

둘째, 상업윤리의 공정성과 파괴를 일삼고 있는 악덕 사업자들을 폭로하고 있다. "에바를 작게 하고 세겔을 크게 하여 거짓 저울로 속이며"(8:5)라고 했다.[9] 상업윤리는 무게의 정당성과 가격의 공정성을 요구한다. 그러나 악덕 사업가들은 에바와 세겔을 속여가며 장사했다. '에바'(epha)는 부피를 측정하는 하나의 기준으로서 약 36 ℓ의 부피를 뜻한다. '세겔'(shakel)은 무게를 측정하는 단위로써 약 11.5g 정도에 해당한다. 상거래를 하면서 부피로 속이고, 추로 무게를 달 때 무게를 변조시킨 세겔을 사용하여 부당 이익을 챙기는 수법을 사용했다. 바로 이것이 저울로 속이는 행위였다. 하나님은 이미 율법서, 예언서 그리고 지혜서를 통해 부피와 무게를 속이는 상거래를 금지하는 법을 제시하셨다(레 19:35-36; 신 25:13-15; 미 6:10-11; 겔 45:9-12; 잠 11:1; 16:11; 20:23; 욥 31:6). 그런데도 악덕 상인들은 하나님의 말씀을 무시한 채 부정한 상거래를 계속해 나갔다.

---

9 'the epha'는 부피를 측정하는 하나의 기준이 되는 용기이다. 에바는 약 14-24 ℓ (김희보)나 36 ℓ (이형원) 정도의 부피일 것으로 추정한다. 'the shakel'은 무게를 측정하는 단위로써 약 11.5g 혹은 11.38g 정도에 해당한다. 김희보, 『아모스주해』(서울: 총신대학교출판부, 1984), 405-406.

셋째, 적은 돈으로 가난한 자와 힘없는 자의 인격을 무시하고 노예로 삼은 악덕 상행위를 지적한다. 이것은 돈으로 사람을 사고파는 인신매매 행위를 고발하는 것이다. 아모스 선지자는 가난하고 힘없는 자들이 신 한 켤레 값으로 팔려가는 인신매매의 현장을 고발한다. 아무리 없고 가난해도 은으로 만든 동전 한 닢과 신 한 켤레 값으로 사람을 사고파는 행동을 하고 있다. 정말 하나님의 말씀과 법을 완전히 무시한 악덕 상인들의 모습이다. 인간은 하나님의 형상대로 창조된 자라는 사실을 잊고 있다(창 1:26). 가난하고 힘없는 자들은 굶주린 육신의 생명을 이어가기 위해 자신의 육신을 팔고 노예로 전락하는 비참한 사회현상을 보고 있다. 자신만의 부귀영화만을 생각하여 가난한 자의 인권까지도 유린하는 부자들의 행위는 결국 하나님의 심판을 초래하게 될 것이다.

넷째, "찌꺼기 밀을 팔자"라고 말하는 악덕 상인들의 행동을 고발한다. 상인들은 이익을 더 얻기 위해 찌꺼기를 알곡과 섞어 같이 팔아넘기려 한다. 이것은 소비자를 속이는 행위이다. 속여 팔아서 얼마나 큰 이익을 얻을 수 있겠는가! 찌꺼기는 짐승이나 먹이고, 퇴비로 사용해야 할 것들이 아닌가! 이것이 어찌 사람이 먹을 수 있겠는가! 이렇게 사람이 먹지 못할 찌꺼기를 알곡에 섞어 팔아 이익을 챙기려는 악덕 상인들을 책망하고 있다. 경영윤리의 토대는 제품과 가격에 대한 정직성이다. 소비자를 속이는 행위는 용납될 수 없다. 소비자들이 고발할 수 없는 시대적 상황이기에 만물의 주인이신 하나님께서 고발하고 경고하신다. 하나님께서는 강력한 심판으로 응징해서 악덕 상행위를 뿌리 뽑겠다는 것이다. 이 일에도 하나님께서는 "야곱의 영광을 두고 맹세"하신다(7).[10] 그 맹세가 악덕 상인들과 이스라엘 백성에 대한 심판이다. 하나님의 구체적인 심판의 확실성을 아모스는 선포한다.

먼저 천재지변을 통한 국가적 재난을 당하게 되리라는 심판의 선포이다(8-10). 땅이 흔들리거나 온 땅이 강의 넘침같이 솟아오르거나 낮아지거나 대낮에 해를 지게 하여 땅을 캄캄하게 하는 것은 하나님께서 범죄 한 백성을 심판하시기 위해 자연의 피조물을 사용할 수 있는 주관자이심을 보여주려는 것이다. 또한, 8-10절 말씀이 암시하는 교훈은 앗수르

---

10 김희보는 "야곱의 영광"이란 어휘에 대한 몇 가지 해석을 소개한다. 그 가운데 '야곱의 영광'은 여호와 하나님 자신을 가리키는 것이 타당성 있는 해석임을 지적한다. 맹세란 원래 영원불변한 것이나 가장 우수한 것을 두고 맹세하는 법이다. 앞에서 지적했지만 암 4:2에서 하나님은 '자신의 거룩함'을 가리켜 맹세했고, 6:8에서는 '주 여호와께서 당신을 두고' 맹세했다. 따라서 야곱(이스라엘)의 영광은 바로 하나님 자신의 영광이다. 그러므로 "야곱의 영광"이란 하나님 자신을 가리키는 것으로 해석할 수 있다. 김희보, 『아모스주해』, 409. 이형원은 "야곱의 영광"이 바로 여호와 하나님 자신을 가리키는 것으로 해석하지만, 그러나 보편적으로 아모스 6:8과 시편 47:4에 근거할 때 이스라엘 땅을 의미하는 것으로 보았다. 이형원, "풍요 속에서 범한 죄악에 대한 하나님의 심판", 245.

의 침공으로 북왕국 이스라엘이 멸망 받게 된다는 것이다. 특별히 9절에서 "그 날에"라는 시기에 대한 말이 담고 있는 의미가 크다. 여기 '그 날'은 북왕국 이스라엘의 멸망의 그 날을 가리킨다. 북왕국 이스라엘은 '여로보암 2세'가 통치하는 40년 동안 크게 번영했다. 영토는 "하맛 어귀에서부터 아라바 바다까지"(왕하 14:25) 확장되었고, 다메섹도 이스라엘의 속국이 되었다(왕하 14:28). 그러나 아모스가 예언한 것처럼(암 7:9) '여로보암 2세'가 죽은 후에 나라는 급속도로 기울어지기 시작했다. 여로보암의 태양은 떨어졌다. 해가 대낮에 지고, 백주에 땅은 캄캄하게 되었다. 마침내 이스라엘은 앗수르 왕 불(Tiglath Pileser III, 745-727)의 공격을 받았다(왕하 15:19). 앗수르에 많은 조공을 바치며 국권을 세워보려고 했으나 앗수르 왕을 이길 수 없었다. 이스라엘의 마지막 왕 호세아가 통치하고 있었던 시기에(B.C 722) 이스라엘은 앗수르에 의해 멸망 받았다. 그러므로 죄를 범한 개인이나 사회에 대한 하나님의 심판은 자연현상을 통해서든 전쟁을 통해서든 반드시 실현된다는 것을 잊지 말아야 한다.

다음으로 아모스가 선포한 하나님의 심판은 어떤 것인가? 하나님은 이스라엘 백성이 죽음에 이르게 되며, 모든 백성이 두려움에 사로잡혀 애통하고 애곡하게 되리라는 심판이다. 이스라엘이 하나님을 예배하고, 축하하고, 노래하고, 즐겼던 축제의 때가 사라지고 오히려 죽은 자들을 애도하는 날이 온다는 것이다. 하나님은 절기를 애통으로 바꾸겠다고 하셨다. 축하의 노래를 애곡으로 바꾸겠다고 하셨다. '모든 사람이 허리를 동이고, 머리를 밀고 대머리가 되어 독자의 죽음으로 애통하듯' 하시겠다는 것이다. 이스라엘 백성이 당할 슬픔은 외아들을 잃은 부모가 그의 죽음을 애통해하듯 슬퍼한다는 것이다(10). 독자의 죽음에 대한 애통은 가장 슬픈 애통이다. 부모에게도 가문에도 더 이상의 희망이 없어진다. 신앙의 유산도, 경제적 유산도, 혈통적 유산도 사라지는 상황을 맞이하게 된다. 정치, 경제, 법조, 종교계의 지도자들이 타락하여 교만하고 자신들의 영광만 바라며 사치하고 낭비했던 범죄의 형벌은 무죄한 백성들도 피해갈 수 없었다.

하나님의 심판에 대한 선언의 강도가 점점 세어진다. 백성의 죽음으로 애도하는 곤고한 날이 이를 것이라고 했다(10). 영적인 기갈을 만나 젊은 남녀가 다 쓰러지리라고 했다(13). 사람이 엎드러지고 다시는 일어나지 못하리라고 하셨다(14). 더 나아가 아모스는 하나님의 심판이 육체의 죽음만으로 끝나는 것이 아님을 선포한다. 여호와의 말씀을 얻지도 듣지도 못하는 영적인 기갈을 당하게 될 것을 말한다. 여호와의 말씀을 듣지도 얻지도 못하는 상황은 이미 하나님과의 단절을 의미한다. 육체의 죽음은 부활의 소망이라도 있지만, 영적인 단절은 영원한 멸망에 이른다.

이스라엘 백성이 누린 가장 큰 축복이 무엇이었는가? 그 백성이 가는 길에 하나님이 함께하심이었고, 시시때때로 제사장들이 있어 율법의 가르침을 받을 수 있었고, 선지자들이 통하여 묵시를 들을 수 있었다. 그러나 이제 더는 제사장들로부터 율법을 듣지 못하고 선지자의 묵시가 끊어졌다면 하나님께서 그들을 떠나셨다는 것을 의미한다. 세상의 향락에 취한 이스라엘 백성은 하나님의 묵시가 얼마나 귀한지 몰랐다. 오히려 선지자를 향하여 "예언하지 말라"(7:12-13)고 협박했다. 하나님의 백성에게 말씀을 거두는 행위는 무서운 심판의 행위이다. 타락하고 패역한 백성에게 책망은 필요치 않으며, 단지 멸망이 기다리고 있을 뿐이다. 에스겔 선지자도 "환난에 환난이 더하고 소문에 소문이 더할 때 그들이 선지자에게서 묵시를 구하나 헛될 것이며 제사장에게는 율법이 없어질 것이요 장로에게는 책략이 없어질 것이며 왕은 애통하고 고관은 놀람을 옷 입듯 하며 주민의 손은 떨리라."(겔 7:26-

27)고 했다.

이처럼 부유함과 향락과 사치와 폭식과 낭비로 허랑방탕하게 살아가는 자들을 향한 선지자의 목소리를 외면한 지도자와 백성이 하나님의 말씀을 얻지도 듣지도 못한다는 것은 가장 절망적인 심판이다. 회개하지 않고 구원의 기회를 놓쳐버리고 영적 기갈 상태에 빠진 사람들이 "이 바다에서 저 바다까지, 북쪽에서 동쪽까지 비틀거리며 여호와의 말씀을 구하려고 돌아다녀도 얻지 못하고" 듣지 못하는 비극적인 상황이 다가온다는 것이다.

하나님의 또 다른 심판의 메시지는 이스라엘 백성의 우상숭배 때문임을 아모스는 선포한다. 유일하신 하나님을 버리고 우상숭배에 빠짐으로 국가적 재난을 당하리라는 선지자의 경고를 무시하고 백성은 우상숭배의 길을 선택했다. 아모스는 이스라엘 백성의 우상숭배를 세 가지로 지적했다. 사마리아와 단에 우상을 두고 맹세한 사실과 브엘세바(Beersheba) 거민이 우상숭배 한 것을 지적한다(14). 우상숭배하고 그 앞에 맹세하는 자들은 엎드러지고 다시는 일어나지 못하게 될 것이다. 사마리아에서 섬겼던 이스라엘의 우상숭배는 바알

신상과 아세라 목상을 의미한다(왕하 1:6).[11] 이스라엘은 살아 계신 여호와의 이름으로 맹세해야 한다(신 6:13; 10:20). 그러나 자연이나 우상을 만들어 숭배하고 그 앞에 맹세하면 멸절하리라고 했다(습 1:5-6). 이스라엘은 사마리아뿐만 아니라 단(Dan)에서도 금송아지 우상을 세우고 그 우상의 이름으로 맹세했다. 더 나아가 이스라엘 백성은 브엘세바에 있는 우상을 섬기고 우상의 도움을 얻기 위해 순례의 길을 떠나고 있는 사실을 지적했다. 이형원은 "브엘세바가 위하는 것"에 대하여 "성지 브엘세바에 있는 우상을 섬기고 도움을 요청하기 위해 순례를 떠나는 행위의 영적인 가치를 높이려는 백성들의 외침으로 간주할 수 있다."라고 했다.[12] 이처럼 우상의 이름으로 맹세한 이스라엘에 내리는 심판은 "다시 일어나지 못하리라"는 것이다. 강조점은 '다시'에 있다. 하나님의 강한 의지의 표현이다. 이 표현은 오늘날의 그리스도인이 다시 새겨들어야 하는 엄중한 경고이다.

---

11 히브리어 원문에 "사마리아의 죄 된 우상"이란 '사마리아의 아쉬마'로 기록되어 있다. '아쉬마'란 '죄'(guilt)란 뜻이 있으나 우상의 이름으로도 볼 수 있다. 따라서 '사마리아의 죄'는 송아지 우상숭배를 의미하는 것으로 볼 수 있다. 신명기 9:21에 "너희의 죄 곧 너희의 만든 송아지"란 말씀과 "사마리아여 네 송아지는 버리웠느니라"(호 8:5-6; 10:5)는 말씀에 근거할 때 이스라엘의 죄는 송아지 우상숭배였을 것이다. 김희보, 『아모스주해』, 430-431.

12 이형원, "풍요 속에서 범한 죄악에 대한 하나님의 심판", 249.

Amos' Crying of Socio-Economic Injustice

VI
범죄에 대한 하나님의 심판

VI
범죄에 대한 하나님의 심판

　　국가의 지도자들과 이스라엘 백성들의 범죄는 돌이킬 수 없는 하나님의 심판을 초래했다. 그 심판은 말로써 끝난 것이 아니었다. 하나님께서는 그분의 결심과 분노를 환상을 통해 다시 한번 보게 하신다. 언약의 백성이 이렇게 파멸하다니! 아! 슬프다. 이 불행한 소식을 전하는 선지자의 마음이 어떠했겠는가? 선지자가 이스라엘을 행하여 마지막 외치는 종말적인 환상은 네 가지로 선포되었다(암 7:1-8:3).

1. 메뚜기 재앙에 대한 환상(암 7:1-3).

여호와 하나님께서 선지자에게 보이신 이스라엘을 향한 심판의 첫 환상은 메뚜기 환상이었다. 선지자는 이 환상을 눈으로 보고 있고, 말씀으로 듣고 있다. 이 환상은 "주 여호와께서 내게 보이신 것"이라고 말한다. 선지자가 본 환상은 "왕이 풀을 벤 후에 풀이 다시 움 돋기 시작할 때 주께서 메뚜기를 지으시매"라고 했다. 왕이 풀을 벤 후에 돋은 풀은 단순히 풀이라기보다 봄 작물인 곡식을 의미한다.[1] 풀을 곡식으로 볼 때 다시 움이 돋기 시작한 때는 이듬해 봄에 늦은 비를 맞고 자란 곡식을 의미한다. 이 곡식을 해치기 위해 메뚜기를 지으셨다는 말은 하나님 심판의 행위가 단호함을 보여준다. 백성들이 땀 흘려 고생하며 경작한 첫 수확은 왕에게 상납하고 늦은 수확을 기다리던 백성에게 메뚜기 떼가 나타나 곡식을 갉아먹는 환상은 이스라엘 백성이 당할 국가적 재난의 처절함을 보여준다.

하나님께서는 메뚜기 재앙을 이미 이스라엘 백성에게 보여주었다. 이스라엘 백성이 출애굽 하기 전에 하나님께서

---

1   김희보, 『아모스주해』, 350.

애굽을 심판하실 때 메뚜기 재앙을 허락하셨다. "메뚜기가 지면을 덮어서 사람이 땅을 볼 수 없을 것이라 메뚜기가 네게 남은 그것 곧 우박을 면하고 남은 것을 먹으며 너희를 위하여 들에서 자라나는 모든 나무를 먹을 것이며"(출 10:5)라고 경고를 보이신 적이 있다.

김희보는 이 환상을 상징적이고 비유적으로 본다. 이 환상은 앗수르의 침략의 때를 비유한다고 했다.[2] 이스라엘 백성이 생각하기로는 풀이 움트고 다시 자라기 시작할 때 소망이 있음을 기대했다. 백성이 곡식을 얻고, 소와 양 떼들이 풍성히 먹을 수 있는 풍요로움이 있을 것으로 기대하며, 기뻐하고 있을 때 이스라엘은 앗수르의 공격을 받았고 그 기대는 물거품처럼 사라졌다. 번영과 풍요함으로 사람이 기뻐해야 할 때 공격과 폐허로 슬피 탄식해야 하는 이스라엘의 운명을 본다. 이러한 재앙에 대한 심판의 경고는 이스라엘에만 국한된 것이 아니다. 하나님은 언제든지 그렇게 하실 수 있는 주권자이시다. 한 국가의 번영과 성장은 국방의 견고함과 물질적 번영에만 있는 것이 아니다. 하나님의 법도와 율례를 무시하고, 우상을 만들어 경배하고, 그 앞에 맹세하는 백성에게 똑같은

---

2   김희보, 『아모스주해』, 352.

재앙을 당할 수 있다. 우상숭배의 죄, 물질의 풍요로움으로 지도자들이 타락하여 범한 죄는 이에 버금가는 재앙을 몰고 올 것이다. 죄가 국가와 백성을 망하게 하는 무서운 원수임을 알아야 한다. 이러한 재앙의 시기에도 진실하고 참된 선지자는 여호와께 간청한다.

아모스는 유다에서 이스라엘로 올라온 선지자였지만 이스라엘의 멸망을 차마 그냥 보고 지나칠 수 없어 여호와께 "청하건대 사하소서"라고 절규한다. 하나님께서 죄를 사하여 주시고, 용서하여 주시고, 뜻을 돌이켜 달라고 간청한다. 이 외로운 선지자의 절규가 이스라엘에 내릴 재앙을 잠시라고 가로막고 있다는 사실을 알아야 한다. "여호와께서 이에 대하여 뜻을 돌이키셨다"라는 말은 하나님께서 긍휼과 동정을 베푸셨다는 뜻이며, 하나님께서 깊이 탄식하셨다는 뜻도 있다. 하나님은 재난과 징벌을 기뻐하시는 분이 아니시다. 김희보는 선지자의 간청에 하나님이 슬퍼하시고, 동정하시고, 긍휼로 응답하셨다는 뜻도 포함되어 있다고 말한다.[3] 우리에게는 이와 같은 선지자가 없는가? 백성을 재앙에서 건지려고 몸부

---

3   Ibid., 357.

림치며, 기도하고 하나님께 간청하는 선지자는 없는가? 오직 하나님께서만 그런 선지자를 일으킬 수 있다. 이 땅의 목회자들이 이런 선지자가 되기를 기대한다.

메뚜기 환상은 우리에게 몇 가지 교훈을 던져 준다. 첫째는 하나님 앞에서 공의와 정의를 버리고 불의를 행하는 개인이나 사회는 반드시 만물을 창조하시고 주권으로 다스리시는 하나님의 심판 아래 놓여 재난을 당하게 된다는 것이다. 둘째는 하나님 앞에서 정죄 받은 개인이나 국가라 할지라도 지도자들이 영적으로 각성하고 깨어 하나님께 솔직하게 회개하고, 진실한 모습으로 다시 선다면 하나님께서 그들의 기도를 들으시고 뜻을 돌이킬 수 있다는 가능성을 보여준다. 오늘도 죄악의 행위에서 벗어나지 못하고 반복적으로 범죄 하여 하나님의 징계를 받고 가난 가운데 처해 있는 개인이나 민족이 회개하고 돌아오면 하나님은 받으신다는 것을 선포해야 한다. 지도자들은 죄성을 소유한 인간의 연약함을 인정하고 회개하며, 하나님께 긍휼을 베풀어 달라고 기도해야 한다. 셋째는 오늘날 선지자적 소명 받은 사역자들은 신자뿐만 아니라 백성들이 당하고 있는 재난들을 보면서 하나님 앞에 무릎을 조아리고 백성들의 죄를 고백하며, 하나님의 긍휼을 간청해야 한다. 지금까지 사역자들이나 성도들이 삶의 기본원칙인 선행과 질서와 정의를 실천하는 태도를 보이지 못하고 나만 잘 되기를 추구했다는 것이다.

하나님의 심판은 공의와 정의에 근거하지만, 그러나 하나님의 가장 우선적인 본성은 사랑이다. 하나님은 사랑의 하나님이시며, 그 사랑이 먼저 인간을 사랑하심이다. 비록 하나님의 공의로 죄를 범한 개인과 백성을 심판하시려고 계획하시지만, 죄를 고백하고 돌이키는 회개가 있을 때 그들을 용서하시고 긍휼을 베푸시는 하나님의 사랑이 나타나 있다. 이형원은 이러한 하나님을 공의와 사랑 사이에 '갈등하시는 하나님의 인격적인 모습'이라고 표현한다.[4] 우리 사회 안에서 이런 선지자의 모습을 보고 싶다.

2. 불 심판에 대한 환상(암 7:4-6)

여호와께서 아모스를 통해 두 번째로 보이신 심판에 대한 환상은 '불로' 징벌하게 하신다는 것이다. 김희보는 '불로

---

4 이형원, "재난의 환상들과 아마샤의 반응", 229.

징벌하게'라는 말을 '불로써 싸움을 명하셨다'라고 해석했다.[5]

하나님께서는 심판의 도구로 불을 사용하신다(암 1:4, 7, 10, 12, 2:2; 레 10:2; 민 11:1; 26:10; 왕상 18:24). "불이 큰 바다를 삼키고 육지까지 먹으려 하는지라"고 했다. 아무리 상징적인 표현이라고 해도 무섭고 두려운 심판의 장면이다. 본문을 문자 그대로 읽으면 불이 육지와 바다를 삼킨다는 것이다. 육지와 바다를 삼키면 더는 인간이 땅 위에서 존재할 수 없다는 재앙의 환상이다. 물론 선지자가 본 환상 큰 바다는 '큰 깊음'을 의미하며, 육지는 이스라엘이 받은 '약속의 땅'을 상징한다. 특별히 그 약속의 땅뿐만 아니라 그 땅에 거주하는 하나님의 백성을 포함하고 있는 말이다. 히브리 원문의 육지는 '분깃,' 혹은 '영역'을 의미한다. 성경을 통해 하나님께서는 자기 백성을 '여호와의 분깃'(신 32:9)이라 했고, '야곱의 분깃' 또는 '이스라엘은 그 산업의 지파'(렘 10:16)라고도 했으며, '내 하나님의 분깃'(렘 12:10)이라고도 했다.

언약 백성에게 내린 이 분깃이 불에 삼켜지게 된다. "불이 큰 바다를 삼킨다"라는 말은 '아주 깊은 곳을 삼킨다'라는 의미이다.

---

5   김희보, 『아모스주해』, 358.

하나님께서는 이미 이 무시무시한 불로 땅을 삼킨 적이 있으시다. 동성애가 이미 허락되었던 타락한 문화의 도시 소돔과 고모라는 하늘로부터 쏟아지는 유황불 심판을 받았고, 물론 그곳에 쓸모 있는 부분이 있지만, 그 땅은 죽음의 바다(Dead Sea)로 남아있다. 이 환상은 심판자가 이스라엘 백성이 거하는 땅뿐만 아니라 온 세계를 불로 소멸시킬 수 있는 능력자이심을 보여준 것이다. 이 두렵고 무시무시한 심판의 환상을 본 선지자의 태도를 보자. 아무리 타락하고 부패한 선지자라 할지라도 이런 환상을 보고 침묵할 자가 있겠는가? 아모스가 취한 행동은 어떠한가? 이런 환상을 본 아모스는 그의 심령이 불타는 듯하다. 하나님을 향하여 다시 외친다. "청하건대 그치소서."(7:5)

이것이 불행의 시기에, 재앙의 날에, 하늘의 심판이 다가오고 있는 날에 선지자가 외쳐야 할 소리이다. 이미 하나님의 심판은 정해져 있고, 다시 돌이킬 수 없다. 그럼에도 우리에게 가르치는 교훈이 있다. 선지자의 간곡한 부르짖음에 여호와께서 뜻을 돌이키셨고, 당분간 심판을 보류하셨음이다. 이러한 심판의 재앙은 과거보다 오늘날이 더 현실적이다. 땅속에 있는 마그마의 분출이 곳곳에서 일어나고, 전쟁이 일어

나면 그야말로 핵으로 불바다가 될 상황에 놓여 있으며, 그
위험을 안고 살아가고 있다. 마지막 심판의 날에 세계를 집어
삼킬 핵무기를 사용하실지 그것은 전적으로 하나님의 주권에
달려있다.

3. 다림줄 심판에 대한 환상(암 7:7-9).

아모스에게 보여준 셋째와 넷째 환상은 이전의 두 환상
과 다르다. 손에 다림줄을 잡고 담(wall)이 똑바로 서 있는지를
측량하고 계신 여호와께서 아모스에게 물으신다. "아모스야
네가 무엇을 보느냐" 이 질문에 아모스는 "다림줄 입니다"라
고 대답했다. '다림줄'(plumb line)은 건물의 수직을 바로 잡는
도구이다. 하나님이 측량하고 있는 '쌓은 담'이란 성벽을 뜻한
다. 다림줄을 잡고 쌓은 성벽은 아마 견고한 성벽으로 둘러싸
인 사마리아 성을 의미하기도 하고 또 이스라엘 나라를 가리
키는 것으로도 해석한다. 담 혹은 성벽이 어느 곳을 의미하는
지가 중요한 것이 아니다. 이 환상은 그 성벽을 세우시는 이
도 여호와시고 허무는 이도 여호와시라는 것을 보여주며, 가
나안 땅을 주신이도 하나님이시지만 그곳에서 내어 쫓는 이
도 하나님이시라는 것을 보여준다. 하나님은 아모스에게 "내

가 다림줄을 내 백성 이스라엘 가운데 두고 다시는 용서하지 아니하리니 이삭의 산당들이 황폐되며 이스라엘의 성소들이 파괴될 것이라 내가 일어나 여로보암의 집을 치리라"고 했다.

이스라엘 나라 안에는 성전이 세워지기 전부터 산당이 있었다. 여로보암 왕은 벧엘과 단에 산당을 짓고 송아지 우상을 두었다. 호세아 선지자는 이 산당을 '아웬의 산당'(헛된 산당의 뜻)이라 했고, 아모스는 '이삭의 산당'이라 했다(7:9). 아모스의 하나님이 보이신 환상을 통해 이 산당들이 황폐하게 될 것이라고 예언했다. 산당은 그야말로 우상숭배의 본산지였다. 하나님을 버리고 우상을 세워놓고 섬기는 그 산당을 그냥 두실 리가 없다. 하나님은 그 산당을 반드시 황폐하게 만드신다. 김희보는 이 세 번째 환상에 대한 예언이 성취되었음을 설명한다.[6] 앗수르의 디글랏 빌레셀(Tiglath Pileser III, 745-727)의 침략 후(이때를 두 번째 환상으로 본다) 살만에셀의 공격으로 사마리아 성이 함락되고 앗수르는 이스라엘 사람들을 포로로 잡아갔으며, 마침내 이스라엘은 망했다.

이 세 번째 환상 이후에 아모스는 더 이상 하나님께 심

---

6 김희보, 『아모스주해』, 364.

판을 멈추어 주시도록 간청하지 않았다. 하나님의 심판 결심이 너무 확고하고, 이미 지도자들과 백성들이 하나님의 긍휼을 입을 수 없을 정도로 타락했기 때문에 더는 용서를 구하는 기도를 할 수 없었다. 여기에 아모스 선지자의 영적 분별력이 돋보인다. 아모스는 이스라엘의 지도자들과 백성들이 얼마나 타락하고 범죄 했는가를 보여주시는 계시를 통해 하나님의 뜻을 올바르게 분별하는 지혜를 가지게 되었다. 그는 하나님의 긍휼하심으로 이스라엘 백성의 죄를 용서해 달라고 기도해야 할 때와 하나님의 공의에 근거하여 그분의 심판을 수용해야 할 때를 분별했다.

이러한 아모스 선지자의 행동이 오늘의 복음 사역자들에게 주는 교훈이 있다. 하나님의 말씀을 연구하지 않고 자기 멋대로 해석하여 성경의 의도를 왜곡시키며, 근거 없는 축복을 강조하여 기독교를 기복신앙 종교로 몰고 가는 불쌍한 사역자들이 가득하다. 배움이 부족했다면 열심히 연구해야 하고, 지혜가 부족하다면 후히 주시고 꾸짖지 아니하시는 하나님께 구해야 한다. 본문을 들고 강단에 설 때마다 성경을 역사적 관점에서 바르게 해석하고 그 성경이 오늘에 주시는 교훈이 무엇인가를 바르게 파악해야 한다. 그 말씀이 구원과 위로와 소망을 주는 말씀인지 아니면 회개하지 아니한 죄에 대하여 하나님의 형벌과 심판을 말씀하는지를 분별하고 바르게 설교해야 할 것이다. 하나님의 용서가 없는 자리에는 형벌의 심판이 기다리고 있다. 선지자는 회개하지 않은 언약 백성에게 하나님의 심판은 슬픔과 비통함과 눈물과 죽음을 가져오게 할 것이라는 하나님의 공의를 선포해야 한다.

4. 여름 과일 한 광주리에 대한 환상(암 8:1-3).

아모스가 본 네 번째 환상도 "여호와께서 내게 이와 같이 보이셨다"라는 명백한 증언으로 시작한다. 하나님의 질문과 대답 형식으로 시작된 이 환상에서 아모스에게 보이신 것은 "여름 과일 한 광주리"(a basket of summer fruit)였다. 하나님께서는 2절에서 '여름 과일'(카이츠, kaitz)과 '이스라엘의 끝'(케츠, kets)을 대조시켜 언어 유희(word play)를 통해 하나님의 심판이 절정에 이르렀음을 상기시킨다. 여호와께서 언어 유희를 통해 듣는이나 보는 이로 하여금 환상의 의미를 더 분명하게 깨닫도록 하시는 방법을 선택하신 것이다. 아모스 자신이 본 것일 뿐만 아니라 이스라엘 백성들이 들음으로 보고 듣는 것이 사실임을 확신케 한다. '이스라엘의 끝'이란 표현은 비참한 재앙의 종말이 임박했음을 보여준다. 에스겔 선지자도 재앙의 임박성을 이렇게 말한다. "재앙이로다, 비상한 재앙이로다 볼지어다 그것이 왔도다 끝이 왔도다, 끝이 왔도다 끝이 너에게 왔도다 볼지어다 그것이 왔도다."(겔 7:5-6)

여름 과일이 농부의 손에서 떨어져 광주리에 담긴 것처럼 하나님의 심판이 이스라엘 위에 떨어질 것을 환상을 통해 보이신 것이다. 정말 끝이 이르렀다. 여호와께서 끝자락에 온 재앙의 심판을 거두실 마음은 전혀 없다는 뜻으로 "내가 다시는 그를 용서하지 아니하리니"라는 표현을 사용하셨다. 여호와께서 이스라엘을 향하여 쏟으시는 재앙의 심판을 아모스에게 보이시고, 이스라엘 백성에게는 이 사실을 듣게 하신다. 이 환상을 보는 선지자도 안타까운 일이지만 이 소식을 듣는 자들의 심정도 같을 것이다. 왜 그런가? 하나님께서는 이스라엘 백성을 포도나무에 비유하셨다. 이사야도 그 사실을 기록했다. 이사야는 이스라엘을 '포도원'이라고 비유하며, '포도원'과 '포도'라는 단어를 10번이나 사용했다(사 5:1-5). 하나님은 내가 포도원을 사랑하고, 포도원을 위해 행한 것이 많음을 고백하신다. 땅을 파서 돌을 제하고 극상품 포도나무를 심고 좋은 포도 맺기를 기다렸더니 들포도를 맺었다고 한탄하셨다(사

5:2, 4). 농부와 포도원 지기의 관계는 이렇게 밀접한 관계이다. 이사야는 그 관계를 '사이'라고 말했다(사 5:3). 여호와 하나님과 이스라엘 백성의 사이가 이런 관계의 사이였다. 이제 이 관계가 깨어졌다. 이 관계를 회복시킬 자가 나타나기 전까지 멀어진 관계는 지속할 것이다.

슬프고 슬픈 환상이다. 하나님께서는 이스라엘 백성을 극상품 포도처럼 아끼고 사랑했다. 그들을 원수들의 억압과 방해와 고통으로부터 건져내어 사막도 광야 길도 함께하며, 무수한 기사와 이적으로 그들을 보호하셨건만 그들은 여호와를 가까이하기를 싫어했으며, 우상을 만들어 경배하고, 물질의 부유함으로 치부하고, 성적으로 타락하여 율법을 버리며, 여호와의 음성 듣기를 거절했다. 국가 지도자들의 타락과 죄악으로 온 사회는 타락하고 병들었으며, 입술로는 여호와를 경배한다 하나 마음은 그분에게서 떠났다. 그리함에도 여호와께서는 회개의 기회를 열어 놓고 계신다. 사랑하는 백성이 돌아오기를 기다리며, 선지자들을 보내어 달래기도 하고, 경고하기도 하셨다. 그러나 결국 그의 백성은 여호와를 버렸다. 그 결과가 어떠한가? 여호와께서도 그 백성을 버리셨다. 그래도 그 백성을 끝까지 "내 백성"이라 부르신다. "내 백성 이스라엘의 끝이 이르렀은즉 내가 다시는 그를 용서하지 아니하리니"라고 심판의 종말을 선언하셨다.

여호와께서는 아모스에게 종말에 나타날 재앙의 현상을 보이셨다. 먼저 "그 날에"라고 말씀하신다. 바로 '심판의 날에'란 뜻이다. "그 날에 궁전의 노래가 애곡으로 변할 것이며"라고 하셨다. 이스라엘 국가의 지도자들은 여호와의 성전에서 예배하고 찬양하며, 교제하고, 서로를 위해 기도하며, 하나님과 동행하는 즐거움으로 살지 않고, 호화롭게 지은 자신들의 궁전 안에서 술과 여인들과 고기들과 악기들로 유희를 즐겼으나, 술 취하여 노래를 지절거렸던 그 궁전이 파괴되고 노래가 그치며, 죽은 자들로 인해 애곡하는 소리로 가득 차게 되리라는 말씀이다. 다음으로 곳곳에 죽은 자의 시체가 쌓여 소리 없이 그 시체들을 내버리도록 하신다. 죽은 자들을 옮기는 자들에게 말이 필요한가? 침묵의 시간이 필요하지 않겠는가! 하나님은 아모스를 통해 심판 때에 나타날 인간들의 비참한 죽음의 실상을 보여주고 있다. 살아야 할 생명이 죽음으로 변했다. 타인의 생명을 살려내지 못하고 죽은 사람은 악취를 풍길 뿐이다. 살았다고 하지만 영적으로 죽은 자도 마찬가지다. 더럽고 냄새나며 추하면서도 비굴하다. 이곳저곳을 돌아다니며 기웃거리고 있다. 아모스 선지자가 전하는 이 예언의 말씀을 읽고 보면서도 깨닫지 못한다면 이 애곡해야 할 심판의 때를 어떻게 웃음과 즐거움으로 바꿀 수 있겠는가! 오직 여호와 하나님의 말씀 안에만 소망이 있다.

5. 손으로 친 기둥머리에 대한 환상(암 9:1-4).

아모스에게 보이신 마지막 환상은 그 비참함이 절정에 달한다. 여호와께서 이 환상 역시 아모스에게 보이셨다. 마지막 환상은 "내가 보니"(I saw)로 시작한다. 그러나 아모스가 먼저 본 것이 아니라 여호와께서 제단 곁에 서 계신 것을 보이게 하셨다는 것이다. 여호와께서 서(standing) 계신 제단(the alter)은 어느 곳을 지칭하는가? 벧엘의 제단을 의미하는가? 아니면 예루살렘 성전의 제단을 의미하는가? 이 해석에 대해서는 학자들 간에 이견이 있다. 김희보는 칼빈의 해석을 따라 이 제단을 벧엘이나 사마리아의 제단이 아니라 예루살렘 성전의 제단이라고 본다. 그 이유는 아모스가 북왕국 이스라엘의 심판을 예언하면서도 남왕국 유다를 종종 언급하고 있다는 것이다(암 2:5; 6:1; 9:11). 예루살렘 제단은 남왕국 유다뿐만 아니라 이스라엘 12지파의 중심이 되는 유일한 제단으로 보

기 때문이다.[7]

　　그러나 필자의 생각엔 아모스에게 환상을 보게 하고 심
판의 메시지를 전달하는 곳이 북왕국을 향하고 있다는 점으
로 볼 때 북왕국 안의 우상을 숭배했던 제단들을 배제할 수
없다고 본다. 일부 학자들도 아모스 3:14; 7:13; 9:9에서 이스
라엘을 언급하는 것에 근거하여 벧엘의 제단으로 설명한다.
결과적으로 북왕국은 앗수르에 남왕국은 바벨론에 침략을 받
으므로 성전이 무너지고 제단이 훼파되었기에 두 왕국에 있
는 대표적인 제단을 지칭한다고 볼 수 있다. 중요한 것은 여
호와께서 제단들의 꼭대기를 치신다는 것이다. 물론 9:1에서
여호와의 말씀이 명령형으로 되어 '기둥머리를 쳐라,'(smite
the top) '문지방이 움직이게 하라,'(so that may them shake) '그
것으로 부서져서 무리의 머리에 떨어지게 하라,'(break them
off or smash them down on the heads of all of them)고 되어있
다. 결국, 제단을 쳐서 무너지게 하는 자도 여호와이시기에
여호와의 능력(손)으로 치실 것을 예언한 것이다. 아모스 9:2
에 따르면 여호와께서 제단을 부서뜨릴 때 도망치는 자들을
당신의 손(능력)으로 붙잡아 낼 것이라고 하셨다. 여호와께서

7　김희보, 『아모스주해』, 438-439. 아모스 9:1에서 언급된 "제단"이 어느 제단을 지칭하
　느냐는 설명에 대해서는 김희보 『아모스주해』 444-446을 참고하기 바란다.

심판의 날에 당신의 손을 사용하셨다는 것이다.

특별히 제단의 기둥머리가 훼파되었다는 것은 제단 안에 있었던 예배자와 사제들까지 죽이도록 계획하셨다는 것이다. 제단에서, 왕국에서, 상아 궁에서 호화로운 인생을 즐기던 정치, 경제, 사법 그리고 종교지도자들은 살아남을 것으로 생각했는지도 모른다. 그러나 여호와께서는 백성의 지도자들이 거주하는 왕궁뿐만 아니라 종교지도자들이 드나들었던 제단도 파괴하셨다. 아모스가 본 이 마지막 환상에서 여호와께서 내리시는 심판의 형벌이 강력하고도 빈틈없이 진행될 것이라는 점을 보여주고 있다. 제단의 기둥들이 무너져 사람의 머리를 부술 때 죽지 않고 살아남은 자들이 도망칠 때 '한 사람도 피하지 못하도록 칼로 죽이리라'(I will kill or slay)고 말씀하셨다. 죽지 않고 살아남은 자들이 도망칠 때 하나님이 찾아가시는 곳은 어디까지인가?

첫째, 스올에 들어가고, 하늘에 올라갈지라도 그곳까지 가서 심판하시겠다는 것이다. 여기 '스올'은 하늘과 대조되는 깊은 지하세계를 뜻한다. 시편의 시인은 스올을 흑암이 주장하는 곳(시 143:3), 오직 적막과 침묵만 흐르는 곳(시 115:17), 잊음의 땅(시 88:12)이라고 했다. 이곳은 천국과 대립 되는 곳이다. 이 두 곳은 인간이 자신의 힘으로 갈 수 없는 곳이다. 하나님의 심판에 따라 사람이 최종적으로 들어가는 곳이다. 따라서 여호와는 이곳에 가서라도 그의 손(권능)으로 붙잡아 낼 것이라고 말씀하셨다. 다윗은 시편에서 이미 여호와 하나님의 편재하심을 이렇게 고백했다.

> 내가 주의 영을 떠나 어디로 가며 주의 앞에서 어디로
> 피하리이까 내가 하늘에 올라갈지라도 거기 계시며 스올에 내
> 자리를 펼지라도 거기 계시니이다 내가 새벽 날개를 치며 바다
> 끝에 가서 거주할지라도 거기서도 주의 손이 나를 인도하시며
> 주의 오른손이 나를 붙드시리이다(시 139:7-10).

죄를 범한 인간이 하나님의 눈을 피하고, 손을 피할 수 있겠는가? 여호와의 손이 미치지 않은 곳이 어디 있겠는가. 하나님을 피하는 것이 사는 길이 아니라 하나님께 돌아옴이 사는 길임을 가르친다. 하나님께서는 이사야 선지자를 통해 "너는 내게로 돌아오라 내가 너를 구속하였음이니라"고 하셨으며, 예레미야는 "우리가 스스로 우리의 행위들을 조사하고 여호와께로 돌아가자"라고 호소했다. 여호와는 그의 백성이

우상숭배를 버리고, 세상을 사랑하고, 명예를 소중히 생각하며, 물질 사랑함을 버리고 여호와께 돌아오기를 지금도 기다리고 계신다.

둘째, 하나님은 심판을 피하여 산으로 도망쳐 숨고, 바다 밑으로 내려가 숨을지라도 찾아내어 심판하시겠다고 하셨다. 여호와는 "갈멜산 꼭대기에 숨을지라도 내가 거기에서 찾아낼 것이요"라고 하셨다. 갈멜산은 하나님의 선지자 엘리야와 바알과 아세라 우상의 사제들이 참 신이 누구인가를 가려내려고 대결했던 기도의 장소이다. 서로가 믿는 신이 내려와 불로 제단의 제물과 나무를 태우는 그 신이 참신이시라는 것이다. 엘리야 선지자가 기도한 후에 여호와의 불이 내려와 번제물과 나무와 돌과 흙을 태우고 또 도랑의 물을 핥으셨다(왕상 18:38). 그 대결에서 여호와 하나님이 참 신이심이 확인되었다. 이 광경을 본 바알의 선지자들이 도망치기 시작했다. 그때 하나님께서 그들 중 하나라도 도망치지 못하게 하라고 명령하셨다. 이에 엘리야가 기손 시내까지 따라가 거기서 그들을 죽였다. 하나님께서는 이 역사적인 사실을 아모스와 이스라엘 백성으로 회상하게 만드신다. 산으로 도망칠 때 숨을 곳은 또 있다. 곳곳이 숨을 곳을 파놓은 동굴들이다. 특별히 갈멜산 주변에는 수많은 동굴이 있다고 말한다.[8] 동굴들은 입구가 좁고 구불구불해서 들어가면 찾을 수 없는 곳이 많다는 것이다. 아무리 숨을 곳이 많고 사람이 찾아내기 어려워도 하나님은 찾아내신다. 왜냐하면, 그분은 전지하시고 전능하신 하나님이시기 때문이다.

셋째, 남은 자들이 원수들에게 붙잡혀 갈지라도 그곳까지 따라가 심판하시겠다는 것이다. 원수들에게 붙잡혀 가는 신세는 죽음의 형장으로 끌려가는 자나 마찬가지이다. 물론 노예로 살아남을 수도 있는 가능성은 있다. 여호와께서는 그런 가능성마저 미리 차단하신다. 원수들에게 포로로 잡혀가는 그것이 심판일 수 있으나 하나님은 그것으로 만족하지 않으신다. "내가 거기에서 칼을 명령하여 죽이게 할 것이라"고 하셨다. 하나님은 칼을 든 자에게 명령할 수 있는 분이시다. 하나님의 명령에 따라 선한 일에 그 칼을 사용하실 수도 있고, 사람을 죽이는 일에도 사용할 수 있다. 하나님의 심판이 너무나 잔인하게 진행될 것이라는 아모스의 예언을 보면서 우상숭배와 배금주의와 사치와 방탕함의 죄와 힘없고 가난한

---

8   김희보 『아모스주해』 448.

자를 억압하고 착취한 죄가 이렇게 무섭다는 것을 깨닫게 된
다. 하나님이 긍휼과 사랑은 심판의 때까지만 열려 있다. 공
의와 정의의 기준이 펼쳐지고 그 기준에 따라 하나님의 심판
이 진행될 때는 자비가 잠시 침묵한다. 하나님의 공의는 진노
의 칼을 휘두르게 만든다. 하나님의 심판을 피할 존재는 이
세상에 아무도 없다.

Amos' Crying of Socio-Economic Injustice

VII

이스라엘의 범죄와 하나님의
심판에 대한 아모스의 절규

VII
이스라엘의 범죄와 하나님의 심판에 대한 아모스의 절규

1. 아모스 자신의 애통한 외침

선지자는 자기 백성을 심판하시는 하나님의 심판에 대하여 침묵하지 않는다. 만일 침묵하고 있다면 그는 선지자가 아니라 사기꾼이다. 제사장 아마샤가 아모스를 향하여 던진 비참한 이야기를 빌린다면 그는 하나님의 이름과 말씀을 이용하여 밥벌이나 해 먹는 자이다(암 7:12). 아모스 선지자는 북왕국 이스라엘의 지도자들과 백성들에게 내리시는 재앙의 참혹함을 보고 그는 애가(lament)로 통곡한다. 제발 이 말을 들으라고 호소한다. 애가는 짧은 문장의 흐느낌 혹은 슬픔의 노래를 말한다. 이러한 표현을 '키나'(qinah)라 한다. 이스라엘 백성의 죄로 인한 심판에 대하여 예레미야 역시 애가로 통곡했다. 그것이 예레미야 애가서이다. 애가는 원래 사람이 죽었을 때 그를 애도하기 위해 부르는 것이었다. 아모스는 아마 이스라엘의 멸망을 내다보며 비통한 마음으로 백성에게 호소하기 위해 애가를 지었을 것이다. 아모스는 5:2에서 이스라엘 백성의 범죄에 관한 슬픔을 이렇게 애가로 표현한다.

> "처녀 이스라엘이 엎드러졌음이여 / 다시 일어나지 못하리로다"
> Fallen is Virgin Israel / never to rise again
> "자기 땅에 던지움이여 / 일으킬 자 없으리로다"(암 5:2)
> deserted in her own land / with no one to lift her up
> (NIV)

이 애가는 전형적인 시 형식으로 지어졌다. 이 애가의 사상적인 특색은 한때 아름다웠고, 찬란했고, 강하고 번영했으나 이제 그것들이 졸지에 무너지고, 망하고, 사라지는 아픔을 탄식하는 데 있다. 이 짧은 문장 안에 흐느낌과 애절한 탄식이 담겨 있다. 아모스는 애가에서 이스라엘을 '처녀'(Virgin)라고 표현한다. 이스라엘을 '처녀'로 표현한 것은 이방에 의해 침략을 받고, 이방의 우상들을 숭배하며 영적으로 행음하기 전의 이스라엘은 순결하며, 우아하며, 아름다우며 신랑이신 하나님의 사랑을 독차지했기 때문이다. 이 처녀가 길바닥에 엎드러졌다. 부모의 사랑과 보호 가운데 순결하게 자라온 처녀가 낯선 이방인에 의해 겁탈을 당하고 길거리에 내 버려진 상태를 말한다. 더 불행한 것은 그녀를 일으켜 줄 자가 아무도 없으며, 스스로 일어날 힘도 없는 상태에 놓여 죽어가고 있다는 것이다. 이 애가 속에 담긴 애틋한 부르짖음은 이스라엘 백성이 곧 처하게 될 재앙의 상황을 예견하고 있기 때문이다. 이사야 선지자도 장차 다가올 자기 백성의 멸망을 예고하면서 애가로 탄식했다.

돌이켜 나를 보지 말라 / 나는 슬피 통곡하겠노라

Turn away from me / let me weep bitterly

내 딸 백성이 패망하였음으로 말미암아 / 나를 위로하려고

힘쓰지 말지니라(사 22:4)

Do not try to console me / over the destruction of my

people(NIV)

동시대의 선지자 이사야가 이스라엘의 멸망을 바라보며

애가로 탄식하고 있는 모습이 애처롭다. 그토록 하나님의 사랑을 받았고 평탄한 길을 걸어왔으며 번영과 축복 속에 살았던 이스라엘은 지도자들이 타락하고, 우상숭배가 성행하고, 여호와의 법도와 율례는 사라지고, 사치와 방탕이 가득했을 때, 선지자들이 외치는 경고를 외면하고 회개하지 않았다. 세속 권력자들과 손잡고 가난하고 헐벗고 힘없는 백성을 돌아보지 않았던 이스라엘의 최후는 멸망이었다.

이어지는 애가에서 아모스는 "자기 땅에 던지움이여 일으킬 자 없으리로다"라고 했다. 엎드러지고 던져지고, 일어나지 못하고, 일으킬 자 없다는 것이다. 슬픔을 반복하여 토로한다. 이제 이스라엘은 스스로 일어나지 못하고 일으켜 줄 상대도 없다는 것이다. 그야말로 처참한 죽음의 상태에 내던져진 이스라엘의 처량함을 시적인 노래로 표현한다. 여호와께서는 아무리 자기 언약의 백성이라도 자기를 버리고 우상을 섬기며, 회개하지 않았을 때 등을 돌리신다. 진노의 잔을 쏟으신다. 죽음을 맛보게 하신다. 다시 일어나지 못하게 만드신다. 그러므로 영적 지도자이든 세속 지도자이든 지도자들은 깨어있어야 한다. 지도자들이 타락하면 백성들과 함께 망한다는 교훈을 가슴에 담아 실천하고 가르쳐야 한다.

그런데 자기 백성의 멸망과 슬픔을 예고하는 선지자의 말을 귀담아들을 백성이 없었다는 것이 문제였다. 오늘날도 마찬가지일 것이다. 경제적으로 번성하고, 최첨단 기술의 혜택을 받으며, 풍요롭고 사치하며, 온 세상을 다 가진 듯 돌아다니며, 배불리 먹고는 커피 향에 취하여 비틀거리며, 굶주린 자를 비난하는 자들이 들었을 때 선지자는 미친 자로 오해받을 것이다. 아모스 역시 비난받았다. 함께 시대를 읽고, 여호와의 법도와 율례로 하나님 신뢰하도록 가르쳐야 할 제사장의 비난을 받았다. 같은 하나님, 같은 계시, 같은 성경을 가져도 이렇게 해석이 다르고, 적용이 다른가! 서로가 비난하고, 서로가 옳다고 주장하며, 자기들의 갈 길을 가고 있다. 그러나 하나님 보시기에 진실하고 정직하며, 성경을 통해 하나님의 뜻을 발견하고 소명 받은 자의 삶을 살아가려는 선지자에게 하나님은 말씀하신다. 그것이 "주 여호와의 말씀"이라는 것이다(5:3). 누가 하나님의 말씀에 토를 달수 있는가! 일점일획이라도 바꿀 수 있겠는가!

"이스라엘 중에서 천 명이 행군해 나가던 성읍에는 백 명만 남고 백 명이 행군해 나가던 성읍에는 열 명만 남으리라"고 하셨다. 이 말은 전쟁을 위하여 한 성읍에는 천 명이 동원되고, 다른 성읍에서는 백 명이 동원된다는 말이다. 그러나 살아남은 자는 천 명 중 백 명이고, 백 명 중 열 명이 된다는 것이다. 이스라엘의 처절한 패배를 실감 나게 보여준다. 돌아올 자가 없는 텅 빈 성읍, 살아남은 자들을 기뻐하지 못하는 성읍, 슬퍼하는 곡성이 가득한 성읍, 하나님의 음성이 들려지지 않은 성읍, 인적이 끊긴 성읍, 훼파되고, 무너지고, 쓰레기만 가득한 성읍, 진실한 자들의 통곡과 눈물이 쏟아질 성읍, 이런 성읍이 되지 않도록 진리를 바르게 전하고 회개를 촉구해야 한다. 여기에 살길이 있다.

2. 이스라엘을 향한 외침

아모스 선지자는 애통한 마음을 추스른다. 그리고는 백성을 향하여 목소리를 높인다. 저주의 소리가 아니다. 살길을 제시하는 외침이다. 이스라엘을 향한 아모스의 외침이 무엇인가?

첫째로 "너희는 여호와를 찾으라 그리하면 살리라"(Seek the Lord and live)(암 5:6)는 외침이다. 여기 '찾으라'는 원문의 뜻은 막연하게 찾으라는 것이 아니다. 어떻게 하면 의롭고 거룩한 생활로 하나님을 기쁘시게 할 것인가를 생각하고 탐구할 것을 의미한다. 첫 번째 외침을 직역하면 '찾아라' 그리고

'살아라'이다. 하나님을 찾는 것과 사는 것이 연결되어 있다. 사람이 살아가는 길과 방법이 여호와의 말씀 안에 있기에 여호와를 찾을 때 살길이 보이고, 또한 살아갈 수 있다는 것이다. 여호와를 찾음은 곧 만남을 의미하는 것이고, 생명 얻음을 의미하는 것이다. 누구든 여호와를 만날 때 생명을 얻게된다. 여호와는 생명 그 자체이다. 없는 것도 만들어 내고, 죽은 생명도 살려내는 능력이 여호와께만 있다. 그러므로 여호와를 찾는 그 자체가 사는 길이다. 반대로 여호와를 찾지 않으면 살길이 없다. 곧 죽음이다. 생명을 얻는 길은 찾을 때만 열리는 것이 아니라 항상 열려 있다. 하나님의 용서와 은혜와 생명은 언제나 준비되어 있다. 여호와를 찾을 때 살길이 열리고 생명을 얻게 된다. 에스겔 선지자도 이 사실을 말했다. "죽을 자가 죽는 것도 내가 기뻐하지 아니하노니 너희는 스스로 돌이키고 살지니라."(겔 18:32)고 했다. 인간은 자신의 생명은 자신의 힘으로 얻고 유지 시킬 수 있다고 믿는다. 그러나 인간에게는 생명을 얻게 하고 살려낼 수 있는 능력이 없다. 오직 여호와에게만 전능함이 있다.

아모스는 여호와의 전능성을 5:6과 8에서 밝히고 있다. 5:6에서는 "그가 불같이 요셉의 집에 임하여 멸하시리니 벧엘에서 그 불들을 끌 자가 없으리라"고 했다. 여기 '요셉의 집'

이란 북왕국의 열 지파를 의미한다. 요셉의 아들 에브라임이 북왕국 이스라엘의 주도권을 가지고 있었기 때문이다.[1] 북왕국 이스라엘 행한 죄악에 대하여 여호와께서 불같이 임하셔서 심판하실 것을 말씀하는 것이다. 심판의 주권이 북왕국에 있는 것이 아니라 여호와께 있음을 알린 것이다. 5:8에서 아모스는 여호와의 전능성을 이렇게 선포한다. "묘성과 삼성을 만드시며 사망의 그늘을 아침으로 바꾸시고 낮을 어두운 밤으로 바꾸시며 바닷물을 불러 지면에 쏟으시는 이"라고 했다. 일곱별과 그 근원을 만드신 여호와 하나님(He who makes Seven Stars and Origin), 사망의 그늘을 아침으로 바꾸시는 그 하나님, 낮을 어두운 밤으로 바꾸시는 그 하나님, 바닷물을 불러 지면에 쏟으시는 그 하나님, 그 하나님의 이름이 여호와라는 것이다. 오직 스스로 존재하시는 그 하나님이시다. 이 땅의 모든 사역자여, 여호와 하나님을 바로 알자. 바르게 전하자. 달콤한 자기 목소리로 유혹하지 말자. 축복을 남발하여 하나님을 잡신처럼 취급하지 말자. "현대판 벧엘과 길갈과 브엘세바를 만들어 놓고서 그곳들이 하나님과 만남을 보장하는

---

1 김희보 『아모스주해』 236.

것처럼" 외치지 말자.[2] 오직 하나님을 바로 찾고 믿어야만 살 길이 있음을 외치자.

둘째로 "악을 미워하고 선을 사랑하며, 정의를 세우라"(암 5:15)는 외침이다. 악과 선을 구별하는 그 원칙과 규범이 여호와의 말씀이다. 공의와 정의는 아모스가 외치는 사회경제적 원칙이고, 규범이다. 아모스는 5:24에서도 "오직 정의를 물 같이, 공의를 마르지 않는 강 같이 흐르게 할지어다"라고 했다. 이 원칙과 규범이 사라지면 혼란과 무질서와 폭력과 싸움이 원칙이 되고, 힘세고 부유하며 권력 가진 자의 목소리가 규범이 된다. 이러한 사회경제적 현실에서 사람들의 마음을 악한 죄악으로 기울게 하고, 의인을 학대하고, 뇌물을 받고 궁핍한 자를 억울하게 할 뿐만 아니라 스스로 타락하여 백성을 부패하게 만드는 지도자들은 공의와 정의를 외면했다. 하나님이 원하시는 사회경제적 공의와 정의의 실천은 희생제물과 곡식 제물을 드림이나 십일조나 갖가지 헌물을 드림이 아니라 언약 백성이 살아가는 가정이나 일터나 활동하는 영역에서 공의와 정의를 실천하는 일이다. 아모스는 하나님을 멸시하는 자가 드리는 번제나 소제를 하나님께서 받지 아니

---

2 이형원, "형식적인 종교의 말로", 200.

할 것이라고 말한다(5:21-22). 하나님을 예배하는 자가 망각하고 있는 삶의 중요성인 공의와 정의를 실천함을 더 강조하고 있다.

여호와를 예배함과 삶 속에서 공의와 정의를 실천함은 병행되어야 한다. 예배에서 하나님의 임재를 경험하고 말씀의 의미를 전달받은 자는 나와 이웃과 직장과 공동체 안에서 공의와 정의를 실천하며 살아야 한다. 아모스 선지자가 외치는 최고의 지점은 공의와 정의를 실천함이다. 그러나 이스라엘 사회의 지도자들은 공의와 정의를 악용했으며, 경제적이고 법적인 억압 수단으로 사용했다. 공의와 정의의 규범을 무시하는 일이 상류층 사람에게 집중되었고, 힘없고 가난한 자들의 권리를 보호해 주지 못한 불의한 자들이 되었다. 그래서 아모스는 공의와 정의를 이처럼 목마르게 외쳤다. 그러므로 아모스가 외친 사회경제적 공의와 정의를 외면하지 말아야 할 것이다.

3. 하나님을 향한 외침

아모스 선지자는 하나님의 계시에 따라 멸망을 눈앞에 둔 이스라엘을 행하여 외쳤으나 이스라엘은 듣지 않았다. 공의와 정의를 외면한 백성을 향한 여호와의 심판 칼날이 이스라엘을 겨냥하고 있음에도 깨닫지 못하자 아모스는 하나님을 향하여 외친다. 첫 번째 외침이 "주 여호와여 사하소서"(Lord Yahweh forgive)였다. 이 외침은 하나님께서 이스라엘을 심판하시려는 첫 번째 메뚜기 환상을 보이실 때 이 환상을 본 모스 선지자의 외침이다. 이스라엘 백성의 죄와 지도자들의 죄를 사하시고, 재앙을 멈추어 달라는 선지자의 절규이다. 여호와께서 아모스를 통해 보이신 이스라엘의 범죄는 열거하기 어려울 정도의 범죄이다. 하나님 용서의 한계를 벗어난 악함과 범죄였다. 아모스 선지자는 용서가 하나님의 결정에 있다는 것을 알았다. 그래서 '사하여 달라'고 외친 것이다. 선지자는 하나님의 용서가 없이는 진노가 멈추지 않는다는 것을 알았다. 모든 인간은 하나님 앞에서 죄인이다. 인간의 의지로 하나님의 뜻대로 행할 자는 아무도 없다. 하나님께서 회개시키시고, 마음을 돌이키게 하실 때만 가능하다. 놀라운 것은 솔직하고도 진실한 선지자의 외침에 하나님께서 뜻을 돌이키셨다는 것이다. 진노를 완전히 거두겠다는 것이 아니라 선지자의 간청에 회개할 기회를 주시겠다는 것이다. 잠시 심판을 미루셨다. 이 외침은 이스라엘 백성이나 지도자들이 아모스처럼 진실하게 회개하고 돌아오면 하나님께서 뜻을 돌이킬 수 있다는 것을 예고하신 것이다. 하나님은 신실한 선지자와 백성의 기도를 들으시고 뜻을 돌이킬 수 있다. 그만큼 우리의 진실하고 솔직한 회개의 기도가 필요함을 가르친다.

두 번째 외침이 "주 여호와여 청하건대 그치소서"였다(암 7:5; I beg You, stop). 아모스 선지자의 이러한 간청은 두 번째 불의 환상을 보고 난 후였다. 여호와께서는 불로 이스라엘 땅과 그곳에 사는 백성을 징벌하시겠다고 하셨다. 아모스가 여호와에게 '그치소서'라고 간청한 것을 보면 이미 불이 육지를 삼키고 있었다고 말할 수 있다. 아모스 7:3은 "불이 큰 바다를 삼키고 육지까지 먹으려 하는지라"고 번역했다. 이 말에 근거할 때 하나님의 심판 불이 이미 육지를 삼키고 있었다고 볼 수 있다. 이 상황을 목격한 아모스는 다급한 목소리로 '멈추소서'라고 외친다. 사람이 무엇이든지 다급하면 긴 설명을 할 시간이 없다. 가장 필요하고, 가장 긴급한 것을 요청할 뿐이다. 누구든 그가 사는 나라와 백성에게 진노의 불이 쏟아지면 '그치소서'라고 그렇게 외칠 수밖에 없다.

이 아모스의 외침은 우리에게 많은 교훈을 준다. 국가와 민족이 패망의 순간에 놓였을 때 국가의 지도자들뿐만 아니라 특별히 영적 지도자들은 전능자에게 절규해야 한다. 죄악을 사하여 주시고, 재앙을 멈추어 달라고 다급하게 외쳐야 한다. 그러나 근본적으로 여호와의 진노를 멈추게 하려면 죄악된 행동을 하고, 범죄행위를 유발한 지도자들의 회개가 선행되어야 한다. 실제로 죄를 지은 자들의 회개가 먼저 일어나야 한다. 물론 민족이나 가족의 죄를 대신 안고 회개의 기도를 하는 것도 필요하지만 내가 내 가족이나 다른 사람의 죄를 회개함으로 용서가 가능해진다면 로마교회가 행하는 고해성사와 다른 바가 무엇인가? 그렇게 하여 죄가 용서된다면 세상에 하나님의 진노와 형벌 아래 놓일 자가 어디 있겠는가? 그러므로 아모스 선지자의 간절한 요청이 있었음에도 결국 하나님께서는 당신이 결정하시고, 선포하신 이스라엘이 멸망은 실현되었다. 그리함에도 불구하고 선지자는 백성과 지도자들의 죄를 안고 부르짖어야 한다. 왜냐하면, 그 일이 선지자의 사역이기 때문이다. 영적 지도자들이 이렇게 하나님께 간청하는 부르짖음이 없다면 선지자이기를 포기한 자들이다. 그 직분은 밥벌이에 불과한 직업이다.

VIII
맺는말:
남은 자의 회복(암 9:11-15)

VIII
맺는말:
남은 자의 회복(암 9:11-15)

아모스 선지자가 하나님의 예언을 선포하면서 이방 나라들의 죄, 유다의 죄 그리고 이스라엘의 죄를 지적하기 시작했다. 하나님의 언약 백성이 범한 죄는 제사를 소홀히 하고, 절기를 지키지 않고, 제물을 자기 멋대로 선택하고, 찬양과 기도가 없는 것 때문이 아니었다. 하나님의 진노와 재앙을 받을만한 죄악은 사회경제적 죄악이었다. 삶의 영역에서 언약 백성의 지도자들이 공의와 정의를 버리고 실천하지 못한 죄였다. 아모스는 이 범죄의 근원이 어디에 있는가를 들추어내고, 그들이 어떤 행동을 하며 살아가고 있는가를 밝히며, 그들이 힘없고 가난한 자들을 어떻게 대했는가를 실토하면서 공의와 정의를 실천할 것을 거듭거듭 요청했다. 그러한 선지자의 요청과 경고와 부르짖음에도 나라를 통치하는 왕실의 정치가, 공정하고 정의로운 판결을 집행하는 사법부, 경제력을 쥐고 흔드는 사업가들 그리고 여호와만이 인간의 생사화복을 주관하시는 주권자라는 사실을 선포하며 가르쳐야 할 종교지도자들은 회개하고 돌아서지 않았다. 오히려 타락했고, 낭비하고 사치했으며, 폭식하고 폭음하며, 환락을 즐겼다. 그들에게 백성과 이웃은 안중에 없었고 이 땅에서 홀로 살아가려고 값비싼 것들로 치장했다. 이에 하나님의 선지자 아모스는 반복되는 지도자들의 죄를 사회에 폭로했으며, 하나님의 심판이 임박했음을 선포했다.

여호와께서는 이스라엘 백성을 향한 하나님의 심판을 시청각적으로 알리기 위하여 다섯 가지 환상을 통해 명백히 보여주셨다. 이스라엘을 향한 하나님의 심판은 파멸과 죽음이었다. 비록 멸망의 자리에서 도망쳐 숨을지라도 그리고 원수들에게 사로잡혀 갈지라도 여호와께서는 그곳까지 따라가 죽이시겠다고 하셨다. 이스라엘 멸망에 대한 아모스의 예언은 앗수르의 침략으로 성취되었다. 그렇다면 언약 백성의 멸망은 영원한 끝이었는가? 아모스의 예언은 이 질문에 답변을 제공하면서 끝을 맺는다. 그 답변은 소망을 안겨주는 답변이다. '그 날에' 무너진 다윗의 장막이 회복되고 그 왕국의 영원한 회복이 선포된 것이다. '그 날'은 어느 날을 말하는가? '그 날'은 여호와 하나님의 날을 의미한다. 그 날에 여호와 하나님께서 언약 백성을 위해 하실 새 약속은 무엇인가?

첫째, 여호와께서 다윗의 무너진 장막을 일으키고, 옛적과 같이 다시 세우시겠다는 것이다(9:11). '장막'은 인간이 머물거나 살아가는 장소를 뜻한다. 아무리 화려하고 견고했던 다윗의 장막도 하나님의 심판에는 초막처럼 무너지고 불탈 수 있다. 그러나 그곳을 영원히 견고하게 세우실 분은 역시 하나님이시다. 여호와의 심판으로 무너지고 하나님의 영광이 사라진 그곳이 옛 영광을 되찾게 된다는 것이다. 김희보는 이 부분을 기독론적으로 해석하여 다윗의 왕국이 그리스도로 말미암아 새로워질 것으로 보았다.[1]

둘째, 여호와께서 남은 자들에게 만국을 기업으로 얻게 하리라고 약속하신다. 여호와께서는 회복된 다윗의 왕국 안에 사는 구속받은 성도들에게 기업의 상속을 약속한다. 남은

---

1 김희보 『아모스주해』 468, 470.

자뿐만 아니라 내 이름으로 일컫는 만국이 똑같이 기업을 얻게 되리라는 약속이다. 여기서 언급된 에돔은 이스라엘을 괴롭힌 원수였다. 원수의 나라에도 여호와를 경외하는 남은 자가 있어 그도 하나님 나라 시민의 자격을 얻게 되리라는 것이다. 이방인과 원수에게도 구원의 은총이 선포되는 것은 그리스도를 통한 복음이 어떻게 원수를 용서하며 축복하는가를 보여주는 것이다. 이 예언은 장차 이루어질 그리스도의 왕국이 무엇을 통해 어떻게 온 세상에 확장될 것인가를 예고한다. 이러한 아모스 선지자의 예언을 신약의 야고보 사도가 주 예수 그리스도를 통한 구원과 결부시켜 말한 내용을 사도행전 15:16-17절은 이렇게 기록하고 있다.

> 이 후에 내가 돌아와서 다윗의 무너진 장막을 다시 지으며 또
> 그 허물어진 것을 다시 일으키리니 이는 그 남은 사람들과
> 내 이름으로 일컬음을 받는 모든 이방인들로 주를 찾게 하려
> 함이라(행 15:16-17)

야고보 사도는 아모스가 말한 '그 날'을 '이 후에'라고 말했다. 야고보는 '그 날'을 그리스도와 결부시켜 기독론적으로 설명했다. 아모스는 옛날 다윗의 왕국이 재건되면 이방의 영

토를 점령하여 크게 확대될 것으로 말했으나 야고보는 그 뜻을 영적으로 해석하여 그리스도의 나라가 복음과 함께 전파되면서 이방인들도 그 나라 안으로 들어와 주를 찾고 복을 누리게 될 것으로 해석했다.[2] 이런 관점에서 볼 때 야고보가 인용한 아모스의 예언은 성령의 감동으로 기록된 아모스서의 해석이요, 설교라고 볼 수 있다.

셋째, 여호와께서는 사로잡혀는 갔던 백성을 돌아와 황폐한 성읍을 건축하고 거주할 것을 약속하신다. 아모스 9:14는 이렇게 기록하고 있다.

> 내가 내 백성 이스라엘이 사로잡힌 것을 돌이키리니 그들이
> 황폐한 성읍을 건축하여 거주하며 포도원들을 가꾸고 그
> 포도주를 마시며 과원들을 만들고 그 열매를 먹으리라(암 9:14)

아모스는 "여호와의 날이 이를지라"고 했다. 이날은 남은 자들에게 무한히 영광스러운 날이 될 것을 암시한다. 무너지고 황폐하게 되었던 다윗의 왕국이 다시 건설되고 가나안

---

2   김희보 『아모스주해』 475-477.

땅은 젖과 꿀이 흐르는 축복의 땅으로 회복될 것이다. 따라서 언약 백성은 국가적으로 영적으로 회복되는 축복을 받게 될 것을 말한다. 그때가 되면 포로로 잡혀갔던 이스라엘 백성이 고국으로 돌아오게 될 것이다. 이것은 이스라엘 백성의 역사적인 회복의 의미도 암시하지만, 영적인 회복도 암시하는 것으로 보아야 한다. 국가적 회복을 암시하는 것은 포로로 잡혀갔던 자들이 돌아와 "황폐한 성읍을 건축하여 거주하며"라고 한 말씀에 근거한다. 이스라엘 백성은 포로에서 돌아와 무너진 성벽을 다시 세우고 성전을 다시 건축했다. 그러나 이 구절을 이스라엘의 역사적인 회복에만 국한 시킬 필요는 없다. 이 구절은 영적인 가나안의 회복을 염두에 두고 있는 것으로 볼 수 있다. 이스라엘 백성에게 진정한 자유는 포로에서 해방되는 것도 포함되지만 그리스도의 십자가 구속을 통하여 죄의 포로에서 풀려나고 죄의 종으로부터 해방되어 참 자유를 얻게 되는 것도 포함되어 있다. 참 자유를 얻게 되었을 때 그들은 빼앗겼던 포도원을 다시 찾고, 포도원을 가꾸고 포도 열매를 먹으며, 포도주를 마시게 될 것이라고 했다. 원수들이 물러가고 평화가 찾아 왔으며, 노동하고 수고한 그 대가로 풍성한 수확으로 인하여 기뻐하며, 즐거워하는 축복의 날이 선포되었다.

넷째, 여호와 하나님의 또 다른 결심을 약속한다(9:15). 여호와는 그의 마지막 약속에서 '심는다'(plant)는 말과 '뽑는다'(uproot)는 말을 대비적으로 사용하면서 그의 강한 의지를 나타내 보이신다. 이스라엘은 한때 하나님께서 약속의 땅으로 주신 가나안 땅에서 뽑혀 나갔다. 그러나 다시금 돌아오게 하여 "내가 준 땅"에 심으시겠다는 것이며, 다시는 그들이 뽑히지 않게 하시리라고 했다. 약속의 땅, 하나님께서 선물로 주신 땅, 그 땅은 이스라엘뿐만 아니라 그리스도 안에 있을 모든 자에게 주어질 영적 가나안을 상징하고 있다. 그 땅은 그리스도를 믿는 믿음 안에 사는 자들에게 영원한 소유가 되며, 기업이 된다. 이 약속은 예수 그리스도로 말미암아 성취되었고, 더 완벽하게 성취될 것이다. 영적으로 가나안은 영원한 하나님 나라의 상징이며, 이스라엘은 그리스도의 교회를 상징한다. 거기에는 이스라엘도 이방인도 예수 그리스도 안에서 하나가 되어 말씀의 은혜 안에서 살고, 그를 예배하고 찬양하며, 즐거워할 것이다.

이것이 참된 교회의 모습이다. 교회는 예수 그리스도로 말미암아 땅 위에 심어졌고, 세워졌으나 아직 완성된 것은 아니다. 여호와 하나님이 심으신 이 교회는 뽑히지 않으며, 결코 음부의 권세가 흔들지 못한다. 아모스가 선포한 예언의 완전한 성취는 예수 그리스도의 재림으로 완성될 것이다. 그때는 죄악의 물결이 넘실거리던 이 땅이 변하여 영원한 가나안이 될 것이고, 하나님의 언약 백성은 그의 영광스러운 나라에서 영원히 행복을 누리게 될 것이다. 성도에게 소망의 토대를 놓은 이 예언은 반드시 하나님의 뜻에 따라 성취될 것이다. 그날을 기대하며 신앙의 노선에서 이탈하지 않고, 공의와 정의를 실천하며, 말씀에 순종하는 태도가 절실히 필요하다.

Amos' Crying of Socio-Economic Injustice

참고문헌

참고문헌

Auld, A. Graeme. *Amos*. Sheffield. England: JSOT Press, 1986.

Barton, J. *Amos's Oracles against the Nation: A Study of Amos 1:3-2:5*, Cambridge: Cambridge University Press, 1980.

Calvin, John. 『구약성경주석, 요엘, 아모스, 오바댜』. 서울: 성서교제간행사, 1980.

Pilcher, C. V. *Hosea, Joel, Amos*. London: The Religious Tract Society, 1929.

Marsh, John. *Amos and Micha*, London:SCM, 1959.

Motyer, J. A(ed). *The Message of Amos*. Leicester, England:

IVP, 1974.

Stuart, Douglas. Word Biblical Commentary, vol. 31, 『WBC 주석 호세아-요나』. 김병하 옮김, 서울:솔로몬, 2011.

Thorogood, Bernard. *A Guide to the Book of Amos*. 함성국 역, 『아모스연구』. 서울: 대한기독교서회, 1980.

Veldkamp, Herman. *The Farmer from Tekoa on The Book of Amos*. 이일호 옮김, 『아모스 강해』. Ontario, Canada: Paideia Press, 1989.

기민석, 『예언자 나에게 말을 걸다』. 서울: 두란노, 2011.

김근주, 『소예언서 어떻게 읽을 것인가』. 서울: 성서유니온, 2015.

김희보, 『구약 아모스 주해』. 서울: 총신대학교출판부, 1984. 『구약 이스라엘사』. 서울:총신대학교출판부, 1981.

류호준, 『아모스』. 경기, 고양: 크리스챤다이제스트, 1999.

박재역, 『성경 고유 명사 사전』. 서울:생명의말씀사, 2009).

박윤선, 『성경주석 소선지서』. 서울:영음사, 1979.

이형원, "이스라엘에 대한 예언". 『아모스 어떻게 설교할 것인가?』. 서울: 두란노아카데미, 2009, 163.

차준희, "아모스 서론과 설교", 『아모스 어떻게 설교할 것인가?』. 서울: 두란노아카데미, 2009, 12.

함송기, "아모스에 나타난 북 이스라엘의 경제윤리", 석사학위논문, 목원대학교 신학대학원, 2003, 47.

황봉환, "이사야서에 나타난 경제 정의와 실천에 관한 연구", 로
고스경영학회, 2012, 119.
"아모스 시대의 사회경제적 양극화와 종교적 정의에 관
한 연구", 로고스경영학회, 2013.
『신학과 경제』. 대구: 히람, 2015.